MIX
Papier aus verantwortungsvollen Quellen
Paper from responsible sources
FSC® C105338

Michael Bester

Informationstechnologien für die Sozialwirtschaft

Instrumente zur Effizienz- und Qualitätssteigerung

Diplomica® Verlag GmbH

Bester, Michael: Informationstechnologien für die Sozialwirtschaft: Instrumente zur
Effizienz- und Qualitätssteigerung. Hamburg, Diplomica Verlag GmbH 2012

ISBN: 978-3-8428-8803-6
Druck: Diplomica® Verlag GmbH, Hamburg, 2012

Bibliografische Information der Deutschen Nationalbibliothek:
Die Deutsche Nationalbibliothek verzeichnet diese Publikation in der Deutschen
Nationalbibliografie; detaillierte bibliografische Daten sind im Internet über
http://dnb.d-nb.de abrufbar.

Die digitale Ausgabe (eBook-Ausgabe) dieses Titels trägt die ISBN 978-3-8428-3803-1
und kann über den Handel oder den Verlag bezogen werden.

Dieses Werk ist urheberrechtlich geschützt. Die dadurch begründeten Rechte,
insbesondere die der Übersetzung, des Nachdrucks, des Vortrags, der Entnahme von
Abbildungen und Tabellen, der Funksendung, der Mikroverfilmung oder der
Vervielfältigung auf anderen Wegen und der Speicherung in Datenverarbeitungsanlagen,
bleiben, auch bei nur auszugsweiser Verwertung, vorbehalten. Eine Vervielfältigung
dieses Werkes oder von Teilen dieses Werkes ist auch im Einzelfall nur in den Grenzen
der gesetzlichen Bestimmungen des Urheberrechtsgesetzes der Bundesrepublik
Deutschland in der jeweils geltenden Fassung zulässig. Sie ist grundsätzlich
vergütungspflichtig. Zuwiderhandlungen unterliegen den Strafbestimmungen des
Urheberrechtes.

Die Wiedergabe von Gebrauchsnamen, Handelsnamen, Warenbezeichnungen usw. in
diesem Werk berechtigt auch ohne besondere Kennzeichnung nicht zu der Annahme,
dass solche Namen im Sinne der Warenzeichen- und Markenschutz-Gesetzgebung als frei
zu betrachten wären und daher von jedermann benutzt werden dürften.

Die Informationen in diesem Werk wurden mit Sorgfalt erarbeitet. Dennoch können
Fehler nicht vollständig ausgeschlossen werden, und der Diplomica Verlag, die Autoren
oder Übersetzer übernehmen keine juristische Verantwortung oder irgendeine Haftung
für evtl. verbliebene fehlerhafte Angaben und deren Folgen.

© Diplomica Verlag GmbH
http://www.diplomica-verlag.de, Hamburg 2012
Printed in Germany

Inhaltsverzeichnis

1. Einleitung 1
2. IT-Einsatz in der Sozialwirtschaft 5
3. IT-Infrastruktur und Anwendungssysteme 11
   - 3.1. Hardware 11
   - 3.2. Systemsoftware 15
   - 3.3. Anwendungssysteme/Anwendungssoftware 18
     - 3.3.1. Betriebswirtschaftliche Anwendungen 18
     - 3.3.2. Fachanwendungen für die soziale Arbeit 20
   - 3.4. Internetdienste 21
     - 3.4.1. E-Mail 22
     - 3.4.2. World Wide Web (WWW) und Web 2.0 23
     - 3.4.3. Webnutzung durch die Sozialwirtschaft 26
4. IT-Outsourcing und Cloud Computing 29
   - 4.1. IT-Outsourcing 29
   - 4.2. Cloud Computing 33
     - 4.2.1. Begriffsbestimmung 33
     - 4.2.2. Vorteile und Nachteile 35
     - 4.2.3. Datenschutz und Datensicherheit 36
     - 4.2.4. Einsatz in der Sozialwirtschaft 38
5. IT-Service-Management 40
   - 5.1. ITIL-Modell 40
   - 5.2. Ausgewählte Elemente eines IT-Service-Managements 41

5.2.1.	Service Desk	42
5.2.2.	Incident Management	43
5.2.3.	Problem Management	44
5.2.4.	Change Management	44
5.2.5.	Release Management	45
5.2.6.	Configuration Management	45
5.2.7.	Service Level Management	46
5.3.	IT-Service-Management mit ITIL neu gestalten	47
5.4.	Toolunterstützung	50
5.5.	ITIL-Implementierung in der Sozialwirtschaft	51
6.	IT-Sicherheit	55
6.1.	Geheimhaltung, Datenschutz und IT-Sicherheit	55
6.2.	IT-Sicherheitsmanagement	58
6.2.1.	Die Rolle des IT-Sicherheitsbeauftragten	59
6.2.2.	Erstellung eines IT-Sicherheitskonzeptes	60
6.2.3.	Schutzbedarfsfeststellung	63
6.3.	Ausgewählte Schutzmaßnahmen	65
7.	Fazit	68
Abbildungsverzeichnis		71
Anhangsverzeichnis		72
Literaturverzeichnis		79

1. Einleitung

Gemeinnützige Organisationen und Unternehmen der Sozialwirtschaft stehen in Bezug auf Selbstverständnis und öffentliche Wahrnehmung oftmals vor dem Problem, den Erfolg der von ihnen umgesetzten Projekte und Maßnahmen durch eine besonders positive Kosten-Nutzen-Rechnung untermauern zu müssen.

Nach innen im Non-Profit-Bereich tendenziell tabuisiert, werden nach außen niedrige Overhead-Kosten[1] häufig als Zeichen besonderer Professionalität herausgestellt.[2] Dies kann einerseits als eine bloße Reaktion auf den „öffentlich praktizierten Verwaltungskostenfetischismus"[3] verstanden werden. Andererseits können geringe Overhead-Kosten im sozialwirtschaftlichen Sektor aber auch ein Zeichen dafür sein, dass in wichtigen Bereichen, wie etwa Marketing, Controlling oder technische Infrastruktur, eine Politik der Unterinvestition betrieben wird, die sich längerfristig negativ auf die Leistungsfähigkeit auswirken muss.[4]

Einen Ausweg aus der Sackgasse der Minimierung von Overhead-Kosten um jeden Preis bietet nur die Entwicklung einer Strategie zur optimalen Ressourcennutzung.[5] Hier liegt die Effizienz sozialwirtschaftlicher Unternehmen und Organisationen begründet.

Der Einsatz von Informationstechnologien (IT) wird im sozialen Sektor oft als lästiger Kostenblock und nicht als wertvolle Ressource angesehen.

---

[1] Als Overhead-Kosten werden Gemeinkosten oder indirekte Kosten bezeichnet. Es sind Kosten, die nicht eindeutig einem einzelnen Bereich zugeordnet werden können. Sie werden hier gleichbedeutend mit dem Begriff der Verwaltungskosten benutzt.
[2] Vgl. Reiser, Brigitte: Nonprofits und ihre Verwaltungskosten. In: NPO-Blogparade, Online im Internet: http://blog.nonprofits-vernetzt.de/index.php/npo-blogparade-nonprofits-und-ihre-verwaltungskosten/ (Abruf: 19.09.2011).
[3] Sprengel, Rainer, Graf Strachwitz, Rupert und Rindt, Susanne: Die Verwaltungskosten von Nonprofit-Organisationen. In: Opusculum, Nr. 11, April 2003, S. 9, Online im Internet: http://www.institut.maecenata.eu/resources/2003_Opusculum11.pdf (Abruf: 19.09.2011).
[4] Vgl. Howard, Don und Gregory Goggins, Ann: Don't Compromise "Good Overhead" (Even in Tough Times). 28.10.2008, Online im Internet: http://www.bridgespan.org/nonprofit-good-overhead-in-tough-times.aspx (Abruf: 19.09.2011).
[5] Vgl. Sprengel, Rainer, Graf Strachwitz, Rupert und Rindt, Susanne: Die Verwaltungskosten von Nonprofit-Organisationen. In: Opusculum, Nr. 11, April 2003, S. 9, Online im Internet: http://www.institut.maecenata.eu/resources/2003_Opusculum11.pdf (Abruf: 19.09.2011).

Zum Teil resultiert dies sicherlich aus der bereits erwähnten Anti-Overhead-Kosten-Einstellung der Branche. Da die Sozialwirtschaft zudem ganz auf die Arbeit am Menschen hin ausgerichtet erscheint, wird die Notwendigkeit einer gut funktionierenden IT-Infrastruktur – im Vergleich zu den operativen Geschäftsfeldern – häufig unterbewertet.[6]

Die Berührungspunkte zwischen sozialer Arbeit und Informationstechnologien sind jedoch, obwohl meist weder unmittelbar noch mittelbar mit dem Berufsbild assoziiert, vielfältig und einer stetigen Entwicklung unterlegen. Informationstechnologien haben in den letzten Jahrzehnten in alle Bereiche sozialer Arbeit Einzug gehalten. Inzwischen ist die Informationstechnologie zu einem unternehmenskritischen Faktor auch in der Sozialwirtschaft geworden.[7]

Ziel der vorliegenden Studie ist es zu zeigen, welche Bedeutung den Informationstechnologien in der Sozialwirtschaft heute zukommt und welche zukünftigen Herausforderungen zu meistern sind. Der Einsatz von IT-Infrastrukturen und Anwendungssystemen, verbunden mit einem entsprechenden IT-Management, kann Prozesse und Ressourcennutzung optimieren und so wesentlich zur Effizienz- und Qualitätssteigerung in der sozialen Arbeit beitragen. Daher wird in Zukunft die Entwicklung von passgerechten Strategien zum Einsatz von Informationstechnologien zu einer wesentlichen Managementaufgabe in sozialwirtschaftlichen Unternehmen werden.

Der in dieser Studie verwendete Begriff der Informationstechnologie (IT) folgt der Definition von Voß, der unter diesen Begriff „alle Prinzipien, Methoden und Mittel der Bereitstellung, Verarbeitung, Übermittlung und Verwendung von Informationen sowie der Gestaltung und Nutzung von Informationssysteme"[8] subsumiert. Der Bezugsrahmen der vorliegenden

---

[6] Vgl. Reiser Brigitte: IT in Nonprofits – die Situation im Sozialsektor. 28.11.2008, Online im Internet: http://blog.nonprofits-vernetzt.de/index.php/it-in-nonprofits-die-situation-im-sozialsektor/ (Abruf: 19.09.2011).

[7] Vgl. Kreidenweis, Helmut: IT-Management in sozialen Organisationen. Online im Internet: http://www.sozialbank.de/fachbeitraege/ (Abruf: 20.09.2011).

[8] Voß, Stefan: Informationsmanagement. 2005, Online im Internet: http://iwi.econ.uni-hamburg.de/IWIWeb/Uploads/Lecture/IM/IM%20WS0506%20Folien%2008.pdf (Abruf: 03.01.2012).

Betrachtung, die Sozialwirtschaft, wird in der breitesten Definition verstanden. Sozialwirtschaft umfasst dabei alle Organisationen, welche soziale Dienstleistungen anbieten und primär an Sachzielen, nicht Erwerbszielen, orientiert sind. Sozialwirtschaftliche Organisationen und Unternehmen können frei-gemeinnützig und privat-gewerblich organisiert sein, in Deutschland bildet die verbandliche Wohlfahrtspflege den Kern der Sozialwirtschaft.[9] Da die Organisationsgröße in der Sozialwirtschaft von Kleinstformen bis hin zu global agierenden Unternehmen reicht und sich in diesem Zusammenhang auch zwangsläufig der Einsatz von Informationstechnologien unterscheidet, wird sich die vorliegende Studie in ihren Aussagen im Wesentlichen auf sozialwirtschaftliche Unternehmen mittlerer Größe fokussieren.

Den Ausgangspunkt für die Beschäftigung mit dem Thema „Informationstechnologien für die Sozialwirtschaft" wird die Frage nach dem gegenwärtigen Stand des IT-Einsatzes in der Sozialwirtschaft sowie brachliegender Potentiale in diesem Bereich bilden.

Daran schließt ein Überblick über heute relevante IT-Infrastrukturen und Anwendungssysteme sowie deren Einsatz in der Sozialwirtschaft an. Dabei wird auf die grundlegenden Bereiche Hardware, Systemsoftware und Anwendungssysteme näher eingegangen. Zusätzliches Augenmerk richtet sich darüber hinaus auf die Internetdienste und deren Nutzung durch die Sozialwirtschaft.

Auf den Überblick über aktuelle IT-Infrastrukturen folgen zentrale Themen der IT-Organisation bzw. des IT-Managements, die gegenwärtig in der deutschen Sozialwirtschaft als Bereiche mit den größten brachliegenden Potentialen gelten. Zunächst sollen organisatorische und technische Aspekte des IT-Outsourcings näher betrachtet werden. Davon ausgehend werden die besonderen Herausforderungen des technischen Trends zum Cloud Computing, als Sonderfall von IT-Outsourcing, herausgearbeitet.

---

[9] Zum durchaus vielfältigen Verständnis des Begriffes Sozialwirtschaft vgl. Wendt, Wolf Rainer: Sozialwirtschaft. In: Maelicke, Bernd (Hrsg.): Lexikon der Sozialwirtschaft. Baden-Baden: Nomos Verlagsgesellschaft 2008, S. 953-956 sowie Kramer, Jost. W.: Sozialwirtschaft – Zur inhaltlichen Strukturierung eines unklaren Begriffs. In: Wismarer Diskussionspapiere, Hochschule Wismar, Fachbereich Wirtschaft, Heft 6, 2006.

Ein weiteres Kapitel beschäftigt sich mit dem Zusammenbringen von Geschäftsprozessen und Informationstechnologien in Form eines geeigneten IT-Managements. Hierbei werden wesentliche Elemente des IT-Service-Managements skizziert sowie der Prozess der Einführung eines IT-Service-Managements in einem Unternehmen näher erläutert. Das Themenfeld des IT-Managements schließen Ausführungen zum IT-Sicherheitsmanagement und dessen Etablierung im Unternehmen ab.

Die Auswahl der einzelnen Kapitel in dieser Studie, die sowohl technologische als auch Management- und Organisationsaspekte widerspiegeln, folgt der Überzeugung, dass dem IT-Management zukünftig eine entscheidende Rolle bei der optimalen Ressourcennutzung in sozialwirtschaftlichen Unternehmen zukommen wird.

2. IT-Einsatz in der Sozialwirtschaft

Nach Kreidenweis kann der Einsatz von Informationstechnologien in der Sozialwirtschaft rückschauend in drei zeitliche und inhaltliche Phasen unterteilt werden.[10]

In einer ersten Phase, etwa Mitte der 1980er Jahre bis Mitte der 1990er Jahre, zogen die Informationstechnologien in Gestalt der elektronischen Datenverarbeitung zunächst in die Bereiche Buchhaltung und Personalverwaltung ein. Dabei kamen auf dem Softwaremarkt verfügbare Anwendungssysteme zum Einsatz, welche auf allgemeine Verwaltungs- und Abrechnungsverfahren in Unternehmen ausgerichtet waren. Zusätzlich entstanden erste Spezial-Anwendungen für den sozialen Bereich, die vor allem von den großen sozialwirtschaftlichen Unternehmen, etwa für die Verwaltung von Klientendaten und zur Leistungsabrechnung, eingesetzt wurden. Insgesamt blieb der Einsatz der Informationstechnologien in dieser Phase auf den Verwaltungsbereich sozialwirtschaftlicher Unternehmen begrenzt.

In einer zweiten Phase, ab Mitte der 1990er Jahre bis zur Jahrtausendwende, hielten die Informationstechnologien dann auch Einzug in die der Verwaltung benachbarten Bereiche sozialwirtschaftlicher Unternehmen. Für die fachliche Arbeit im sozialen Bereich wurde eine stetig wachsende Anzahl spezifischer IT-Lösungen, beispielsweise für die Gestaltung von Pflegeplänen oder zur Falldokumentation, entwickelt und eingesetzt. Auch die Leitungsebene sozialwirtschaftlicher Unternehmen benutzte nun häufig betriebswirtschaftliche Anwendungsprogramme. Zudem beförderte die zunehmende Verbreitung kostengünstiger PC-Technik sowie die allgemeine Verfügbarkeit standardisierter Bürokommunikationssoftware eine breitere Nutzung von IT-Anwendungen in sozialwirtschaftlichen Unternehmen.

---

[10] Zu den folgenden Ausführungen vgl. Kreidenweis, Helmut: Sozialinformatik. Baden-Baden: Nomos Verlagsgesellschaft 2005, Seite 48-51 sowie Kreidenweis, Helmut: IT-Handbuch für die Sozialwirtschaft. Baden-Baden: Nomos Verlagsgesellschaft 2011, S. 15-19.

In einer dritten Phase, mit Beginn des 21. Jahrhunderts, verschoben sich die inhaltlichen Schwerpunkte bei den Fachsoftware-Lösungen von der bis dahin überwiegenden „Nachbearbeitung" (etwa in Form der Dokumentation) auf die Aspekte der Planung und Evaluation fachlicher Arbeit. Neben spezifischen Fachanwendungen unterstützten nun standardisierte Bürokommunikationsanwendungen sowie Mail und weitere Internetdienste in zunehmendem Umfang den Arbeitsalltag. Die Nutzung des Internets durch sozialwirtschaftliche Unternehmen, die bereits in der vorangegangenen Phase eingesetzt hatte, verfolgte nun neben Marketingzwecken auch erstmals fachliche Intentionen. So entstanden beispielsweise sozialarbeitsspezifische Nutzungsformen des Internets, wie etwa Online-Beratungs- und Informationsangebote.

Fasst man die Geschichte der zunehmenden Nutzung von Bürokommunikationsanwendungen, Fachsoftware und Internetdiensten der letzten drei Jahrzehnte im sozialen Bereich zusammen, kann man konstatieren, dass heute die modernen Informationstechnologien nicht nur für den Verwaltungs- und Leitungsbereich sozialwirtschaftlicher Unternehmen wesentlich sind, sondern bereits zu einem integralen Bestandteil der Kernbereiche sozialer Arbeit geworden sind.

Seit 2007 dokumentiert der „IT-Report für die Sozialwirtschaft", welcher in jährlichen Abständen von der Arbeitsstelle Sozialinformatik der katholischen Universität Eichstätt-Ingolstadt herausgegeben wird, die Entwicklung des IT-Einsatzes in der deutschen Sozialwirtschaft. Die Berichte liefern regelmäßig repräsentative Informationen zu Technologie- und Mitteleinsatz sowie Aspekten des IT-Managements auf der Anwenderseite, aber auch einen Überblick über Anbieter branchenspezifischer Softwarelösungen.[11]

Für den aktuellen IT-Report 2011 wurden im Verlauf des zweiten Halbjahres 2010 Fragebögen an fast 2.500 Organisationen der deutschen Sozial-

---

[11] Die Berichte wurden 2008, 2009, 2010 (mit dem Sonderthema: Wertbeitrag der IT) und 2011 veröffentlicht, die zugrundeliegenden Befragungen erfolgten jeweils im Vorjahr der Veröffentlichung. Die aktuelle Publikation ist: Kreidenweis, Helmut und Halfar, Bernd (Hrsg.): IT-Report für die Sozialwirtschaft 2011. Katholische Universität Eichstätt-Ingolstadt 2011.

wirtschaft versandt. Neben Einrichtungen der freien Wohlfahrtspflege wurden auch privat-gewerbliche Anbieter in die Befragungen einbezogen, kommunale und staatliche Leistungserbringer aber aufgrund ihrer stark abweichenden Organisationsstruktur nicht berücksichtigt. Schwerpunkt der Untersuchung bildeten Einrichtungen ab ca. 100 Mitarbeitern, da ab dieser Größe zumeist auskunftsfähige Ansprechpartner für die IT-Infrastruktur existieren. Innerhalb der befragten Organisationen waren die IT-Leiter oder die Geschäftsführung bzw. der Vorstand Adressaten der Fragebögen. Letztlich beteiligten sich 162 der adressierten Organisationen durch Beantwortung der Fragebögen an der aktuellen Untersuchung, wobei eine ausgewogene Verteilung über die einzelnen Bereiche sozialer Arbeit erreicht werden konnte.[12]

Wie schon in den Vorjahren wurde im IT-Report 2011 der Anteil der Mitarbeiter, welche regelmäßig ein IT-System nutzen, mit 60 Prozent ausgewiesen. Auch die IT-Durchdringung, d.h. das Verhältnis von Mitarbeiterzahl zu IT-Arbeitsplätzen im Unternehmen, ist in den vergangenen Jahren nahezu konstant geblieben – im Durchschnitt verfügt jeder dritte Mitarbeiter über einen IT-Arbeitsplatz. Seit den ersten IT-Reports ist jedoch die Anzahl der IT-Arbeitsplätze mit Internetzugang und E-Mail-Nutzung stetig gewachsen, die Quote beträgt inzwischen bereits über 90 Prozent. Kontinuierlich geblieben ist dagegen der Anteil der IT-bezogenen Aufwendungen in Bezug zum Gesamtumsatz sozialwirtschaftlicher Unternehmen mit durchschnittlich 1 Prozent, jeweils zu einem Drittel auf Personal, Infrastruktur und Anwendungssysteme verteilt.[13]

In allen Befragungen wurde stets auch der Frage nachgegangen, bis zu welchem Grad die Potentiale der Informationstechnologie in sozialwirtschaftlichen Unternehmen ausgeschöpft werden. Der IT-Report 2010 bestätigte den betriebswirtschaftlichen Bereichen der Verwaltung, wie Rechnungswesen, Leistungsabrechnung und Personalwesen, einen hohen Grad an Potentialausschöpfung. Schlusslichter bildeten in diesem

---

[12] Vgl. Kreidenweis, Helmut und Halfar, Bernd (Hrsg.): IT-Report für die Sozialwirtschaft 2011. Katholische Universität Eichstätt-Ingolstadt 2011 S. 8-13.
[13] Vgl. ebd., S. 13-15.

Umfragepunkt die fachlichen Bereiche, insbesondere Dienst- und Einsatzplanung sowie Dokumentenmanagement und Archivierung.[14]

Auch für den aktuellen IT-Report 2011 wurde in offener Form erneut die Frage nach notwendigen Entwicklungen im IT-Bereich gestellt. Dabei zeigte sich, dass Konsolidierung und Zentralisierung von IT-Ressourcen für die befragten sozialwirtschaftlichen Unternehmen weiterhin wesentliche Themen darstellen. Als neue Schwerpunkte mit hohem Entwicklungsbedarf kommen nun die Prozessoptimierung und die bessere IT-Unterstützung von Geschäftsprozessen, die IT-Sicherheit sowie die Optimierung der IT-Organisation hinzu. Als technische Trends für die Zukunft werden die Verstärkung der IT-Unterstützung in den Bereichen der fachlichen Arbeit, die Zunahme des Mobile Computings sowie die Konsolidierung und Zentralisierung der existierenden heterogenen IT-Landschaften durch Virtualisierung benannt.[15]

---

[14] Vgl. Kreidenweis, Helmut und Halfar, Bernd (Hrsg.): IT-Report für die Sozialwirtschaft 2010. Wertbeitrag der IT und Markenstärke der Anbieter. Katholische Universität Eichstätt-Ingolstadt 2010, S. 14.

[15] Vgl. Kreidenweis, Helmut und Halfar, Bernd (Hrsg.): IT-Report für die Sozialwirtschaft 2011. Katholische Universität Eichstätt-Ingolstadt 2011, S. 25 sowie S. 30-31.

	IT-Report für die Sozialwirtschaft 2010	IT-Report für die Sozialwirtschaft 2011
Bereiche mit guter Ausschöpfung der IT-Potentiale	• Rechnungswesen • Leistungsabrechnung • Personalwesen	• Rechnungswesen • Leistungsabrechnung • Personalwesen
Bereiche, mit noch unzureichender Ausschöpfung der IT-Potentiale und entsprechendem Entwicklungsbedarf	• Dienst- und Einsatzplanung • Dokumentation • Dokumenten- und Wissensmanagement • Archivierung	• Dienst- und Einsatzplanung • Dokumentation • Dokumenten- und Wissensmanagement • Archivierung • Konsolidierung und Zentralisierung der IT-Ressourcen • IT-Sicherheit • IT-Unterstützung für Prozesse und Prozessoptimierung • Verbesserung der IT-Organisation
Technische Trends	-	• Verstärkung der IT-Unterstützung in den fachlichen Arbeitsbereichen (Planung und Dokumentation) • Ausbau des Mobile Computings • Virtualisierung als neue Lösung für Konsolidierung und Zentralisierung

Abb. 1: Ausschöpfung der IT-Potentiale in sozialwirtschaftlichen Unternehmen

Die vorangegangenen Ausführungen haben gezeigt, dass eine Betrachtung des Einsatzes von Informationstechnologien in der Sozialwirtschaft nicht nur technisch-sachliche Aspekte einbeziehen darf, sondern ebenfalls – und vielleicht sogar mit einer stärkeren Betonung – die organisatorischen Dimensionen erfassen muss.

Die Investition in IT-Technologien erfolgt in der Sozialwirtschaft mit der Erwartung deutlicher Effizienz- und Qualitätseffekte. Erhofft sich die Leitungsebene eine günstige Kosten-Nutzen-Bilanz bei der optimalen Nutzung der begrenzten Ressourcen eines sozialwirtschaftlichen Unternehmens, so stehen für die Fachbereiche die Erhöhung der Arbeitsqualität und eine verbesserte Unterstützung der Arbeitsabläufe im Vordergrund der Erwartungen.[16] Häufig werden diese Erwartungen jedoch nur unzureichend erfüllt. Dies liegt vor allem an einem fehlenden oder unzureichend

---

[16] Vgl. Kreidenweis, Helmut: IT-Handbuch für die Sozialwirtschaft. Baden-Baden: Nomos Verlagsgesellschaft 2011, S. 25.

entwickelten IT-Management und der damit einhergehenden suboptimalen Verknüpfung der im Unternehmen eingesetzten Informationstechnologien mit den fachlichen und administrativen Arbeitsabläufen. Der aktuelle „IT-Report für die Sozialwirtschaft" macht mit der Benennung der noch unzureichend ausgeschöpften Potentiale beim IT-Einsatz deutlich, dass in Zukunft in erster Linie die organisatorischen Aspekte über das Kosten-Nutzen-Verhältnis beim Einsatz von Informationstechnologien in der Sozialwirtschaft entscheiden werden. Der IT-Einsatz ist also nicht ausschließlich ein technisches Thema, sondern stellt vielmehr als Managementaufgabe eine wesentliche Herausforderung für sozialwirtschaftliche Unternehmen dar.

Die folgenden Kapitel werden daher neben einem Überblick über gegenwärtig relevante Informationstechnologien ein besonderes Augenmerk auf die organisatorischen Aspekte des Technologieeinsatzes legen. Der Autor der vorliegenden Studie geht davon aus, dass zukünftig dem IT-Management die entscheidende Rolle bei der Erreichung der Effizienz- und Qualitätsziele beim Einsatz von Informationstechnologien in der Sozialwirtschaft zukommen wird.

3. IT-Infrastruktur und Anwendungssysteme

Der Begriff der IT-Infrastruktur ist in der Literatur und im allgemeinen Sprachgebrauch nicht eindeutig gefasst und kann je nach Perspektive verschieden eng definiert werden. Mehrheitlich gliedern aber alle Begriffsbestimmungen die IT-Infrastruktur in mindestens zwei grundlegende Ebenen: neben der materiellen Ebene (Hardware und bauliche Gegebenheiten) wird als immaterielle Ebene die Systemsoftware einbezogen.[17] Als funktionale Abgrenzung gilt gemeinhin, dass die IT-Infrastruktur in ihrer Gesamtheit den Betrieb der Anwendungssysteme (also der Software jenseits der Systemsoftware) ermöglicht.

Im Folgenden sollen überblicksartig die wichtigsten heute relevanten IT-Infrastrukturen und Anwendungssysteme mit Blick auf ihren Einsatz in der Sozialwirtschaft dargestellt werden.

3.1. Hardware

Die physische Basis der Informationstechnologien bildet die sogenannte Hardware. Im weitesten Sinne werden unter den Begriff der Hardware neben der eigentlichen Rechentechnik (Rechner und Speichersysteme) auch Peripheriegeräte, Netzwerktechnik sowie technische Vorrichtungen zum Betrieb der Hardware subsumiert.[18]

Im engeren Sinne – als Computerhardware – umfasst Hardware die mechanische und elektronische Ausrüstung eines Rechnersystems. Kategorisierungen der Computerhardware basieren am häufigsten auf den verschiedenen Typen des technischen Aufbaus (Rechnerarchitektur). Die Welt der Computer lässt sich heute im Wesentlichen in die Gruppen der Personal Computer (PC), der Server und der Mainframes (Großrechner) einteilen. Der größte Anteil entfällt inzwischen auf die Personal Computer,

---

[17] Weiter gefasste Begriffsbestimmungen zählen zur IT-Infrastruktur auch organisatorische Strukturen und personelle Ressourcen hinzu. Vgl. Patig, Susanne: IT-Infrastruktur. In: Kurbel, Karl et al. (Hrsg.): Enzyklopädie der Wirtschaftsinformatik. Fünfte Auflage. München: Oldenbourg, 05.10.2011, Online im Internet: http://www.enzyklopaedie-der-wirtschaftsinformatik.de (Abruf: 01.01.2012).
[18] Vgl. ebd. sowie Gabler Verlag (Hrsg.): Gabler Wirtschaftslexikon. Stichwort: Hardware, Online im Internet: http://wirtschaftslexikon.gabler.de/Archiv/54982/hardware-v6.html (Abruf: 01.01.2012).

welche – als Arbeitsplatzcomputer, mobiles Notebook oder funktionell eingeschränktes Terminal – zu Standardarbeitsgeräten geworden sind.

Neben dem eigentlichen Rechnersystem stellen Peripheriegeräte, wie Eingabegeräte und Ausgabegeräte (Tastatur, Maus, Kartenleser, Scanner, Monitor, Drucker etc.) weitere Elemente der Hardware dar.

Zur Hardware zählen darüber hinaus auch die verschiedenen Medien und Systeme zur Speicherung der verarbeiteten Daten. Solche Datenspeicher umfassen fest verbaute oder flexibel verfügbare Medien (Diskette, CD-ROM, USB-Speicher, Festplatte, Solid State Disk etc.) bis hin zu komplexen Speichersystemen (Bandbibliotheken, WORM-Systeme, SAN etc.).[19] Während die Einzelmedien der erstgenannten Gruppe überwiegend dezentral verwendet werden, erfüllen die komplexeren Speichersysteme Funktionen zentraler Speicher und dienen häufig Spezialzwecken, wie etwa Backup und Archivierung.[20] Die Verwendung der verschiedenen Speichertypen ist jeweils abhängig von den konkreten Anforderungen an die Datenhaltung. So führen unterschiedliche Ansprüche in Hinblick auf Speicherkapazität, Zugriffsgeschwindigkeit, Sicherheit und örtliche Erreichbarkeit sowie die Berücksichtigung finanzieller Kosten auch zum Einsatz ganz unterschiedlicher Speichermedien. Versteht man Daten als das „inzwischen wichtigste … Gut moderner Geschäfts- und Organisationsprozesse"[21], so erklären sich in Bezug auf Speichermedien und Speichersysteme auch die aktuellen Forderungen nach gesteigerter Verfügbarkeit sowie verbesserter Organisation der Datenhaltung. Die Hersteller von Speichersystemen am Markt erfüllen diese neuen Anforderungen

---

[19] Bandbibliotheken oder Bandroboter sind mit Magnetbändern bestückte automatisierte Systeme, die vornehmlich zur Langzeitspeicherung von Daten eingesetzt werden. WORM (Write Once Read Multiple) - Systeme, die mit verschiedenen spezifischen Speichermedien ausgestattet sein können, dienen als Archivsysteme zur unveränderlichen Speicherung von Daten. Bei einer SAN (Storage Area Network) handelt es sich um ein Speichernetz, mit dem einer Vielzahl von Rechnersystemen über spezifische Schnittstellen zentraler Festplatten-Speicher zur Verfügung gestellt werden kann.
[20] Eine Zwischenstellung nehmen Festplatten und Solid State Disk - Flashspeicher (SSD) ein, die einerseits lokal in Rechnersystemen verbaut werden, andererseits aber auch in zentralen Speichersystemen zu finden sind.
[21] Nolte, Susanne: Variantenreich. In: iX kompakt. Storage, Nr. 2, 2011, S. 3.

zunehmend in Gestalt von Redundanzlösungen und Verfahren zur Daten-Deduplizierung.[22]

Die meisten IT-Systeme funktionieren heute nicht mehr als physische oder logische Einzellösungen, sondern in Form von vernetzten Systemen. Solche Netzwerksysteme stellen Anbindungsvarianten von Arbeitsplatzsystemen an zentrale Speicher- und Archivsysteme für Daten oder aber auch an weitere dezentrale Anwendungssysteme dar. Sie bilden damit die infrastrukturelle Grundlage für die Nutzung aller weiteren Informationssysteme. Zwischen Mitarbeitern eines Unternehmens sorgen Netzwerksysteme zudem für eine sichere und ortsübergreifende Kommunikation. Dies kann auch in Erweiterung für die Kommunikation zwischen Mitarbeitern und Klienten gelten. Netzwerksysteme unterstützen darüber hinaus die flexible Anpassung von Organisationsstrukturen an sich verändernde Geschäftsanforderungen in der Sozialwirtschaft, z.B. bei der Verbindung lokaler und mobiler Mitarbeiter.

Netzwerke werden nach einer Vielzahl verschiedener Kriterien kategorisiert, so unter anderem nach ihrer räumlichen Ausprägung. Die Kommunikationsnetze, welche in sozialwirtschaftlichen Unternehmen sicherlich die weiteste Verbreitung haben, sind die sogenannten lokalen Netzwerke (LAN = Local Area Network). Lokale Netze haben eine begrenzte Reichweite, sie erstrecken sich innerhalb von Gebäudeteilen, Gebäuden oder über einige Gebäude hinweg. Eine weitere erwähnenswerte Kategorie von Netzwerken ist das WAN (Wide Area Network), das sich als Weitverkehrsnetz über einen großen geographischen Bereich – wie ein Land oder mehrere Länder – erstrecken kann. Eine weltweite Verbindung von Rechnern stellt das GAN (Global Area Network) dar, welches Netze geringerer Ausdehnung zusammenfasst. Ein Beispiel für ein GAN im öffentlichen Bereich ist das Internet.

---

[22] Redundante Speicherlösungen gewährleisten durch doppelte Datenhaltung eine höhere Ausfallsicherheit. Verfahren zur Deduplizierung sollen die Datenvervielfältigung, welche durch mehrfaches Speichern gleicher Daten entsteht, verhindern und auf diese Weise kostenintensiven Speicherplatz effektiver nutzen. Vgl. Nolte, Susanne: Variantenreich. In: iX kompakt. Storage, Nr. 2, 2011, S. 3.

Zusätzlich zur Kategorisierung nach der räumlichen Ausprägung werden Kommunikationsnetze häufig auch nach ihrer Verbindungsstruktur charakterisiert. In Abhängigkeit von der Struktur lassen sich im Wesentlichen zwei Netzwerkformen unterscheiden: Peer-to-Peer-Netzwerke und Client-Server-Netzwerke. Im Peer-to-Peer-Netzwerk können alle beteiligten Systeme untereinander Daten austauschen, ohne dass deren Kommunikation von einer zentralen Instanz gesteuert wird. Ein Client-Server-Netzwerk besteht dagegen aus Zentralkomponenten (Server) und dezentralen Komponenten (Clients). Server verwalten in dieser heute am weitesten verbreiteten Netzwerkform die Nutzung der zentral zur Verfügung gestellten Ressourcen durch die angeschlossenen Clients. Eine Sonderform eines Client-Server-Netzwerkes stellt das sogenannte Server Based Computing (SBC) dar. Im Idealfall interagieren hierbei nur noch mit der Ein- und Ausgabe betraute Thin Clients mit einem speziellen Terminalserver oder Terminalserververbund, welcher Anwendungen zentral bereitstellt und zugleich die gesamte Datenverarbeitung im Netzwerk übernimmt.[23] Laut „IT-Report für die Sozialwirtschaft 2011" setzen 80 Prozent der befragten Unternehmen Terminalserverlösungen ein, jedoch nur 19 Prozent Thin Clients als Endgeräte.[24] Die Vorteile von SBC in Hinblick auf Wirtschaftlichkeit und strukturelle Unterstützung verteilten Arbeitens werden laut Prognosen in der Sozialwirtschaft erst langsam wirksam werden, wobei auch hier zunächst die großen Unternehmen den Trend umsetzen.[25]

Eine zunehmend wichtige Rolle in der Netzwerkkommunikation spielen Technologien, die eine Authentifizierung der teilnehmenden Partner ermöglichen. Aus Gründen der allgemeinen Sicherheit (Verbindlichkeit, Zuordenbarkeit), des Daten- und Vertrauensschutzes ist es in Netzwerken nötig, vor und auch während des Datenaustausches sicherzustellen, dass eine behauptete Identität der Partner verifiziert werden kann.

---

[23] Zur Wirtschaftlichkeit von verschiedenen Modellen des SBC mit Thin Clients oder mit PC als Endgeräten vgl. Fraunhofer UMSICHT (Hrsg.): PC vs. Thin Client. Wirtschaftlichkeitsbetrachtung, 20.02.2008, Online im Internet: http://cc-asp.fraunhofer.de /docs/PCvsTC-de.pdf (Abruf: 03.01.2012).
[24] Vgl. Kreidenweis, Helmut und Halfar, Bernd (Hrsg.): IT-Report für die Sozialwirtschaft 2011. Katholische Universität Eichstätt-Ingolstadt 2011, S. 14 f.
[25] Vgl. Kreidenweis, Helmut: IT-Handbuch für die Sozialwirtschaft. Baden-Baden: Nomos Verlagsgesellschaft 2011, S. 43-45.

Mit Hilfe spezieller hard- oder softwarebasierter Technologien wie dem sogenannten Virtual Private Networking (VPN) ist es beispielsweise möglich, innerhalb eines ungesicherten Netzes durch Verschlüsselung gesicherte Kommunikationskanäle zwischen zwei Endpunkten aufzubauen. Diese Technologie findet heute mehrheitlich dann Verwendung, wenn mehrere lokale Netzwerke über das Internet zu einem einzigen virtuellen LAN verbunden werden müssen, beispielsweise bei der Verbindung der IT-Infrastrukturen verschiedener Standorte sozialwirtschaftlicher Unternehmen. Auch die Einbindung von Homeoffice-Arbeitsplätzen oder von mobilen Mitarbeitern im Außendienst in die unternehmensinterne IT-Infrastruktur wird heute in der Sozialwirtschaft mehrheitlich mit Hilfe von VPN-Lösungen über eine Internetverbindung realisiert.[26]

3.2. Systemsoftware

Software ist die „zusammenfassende Bezeichnung für die Programme, die auf einem Computer ausgeführt werden können."[27] Unter dem Teilbereich der Systemsoftware wird die Gesamtheit aller Programme und Dateien verstanden, welche die Abläufe beim Betrieb der Rechnerhardware steuern. Zur Systemsoftware gehören Betriebssysteme sowie weitere systemnahe Software, wie z.B. Dienstprogramme und Verwaltungswerkzeuge.[28]

Das Betriebssystem ist das Programmsystem, welches zwischen der Computerhardware und den übergeordneten Anwendungssystemen vermittelt. Es verwaltet die Rechnerressourcen, koordiniert periphere Geräte (z.B. Monitor, Drucker), realisiert die Dateiverwaltung und führt Anwendungsprogramme aus.

Bekannte Betriebssystemplattformen sind z.B. die Windows-Produktfamilie der Fa. Microsoft, MacOS der Fa. Apple sowie das ursprünglich von der

---

[26] Vgl. Kreidenweis, Helmut: IT-Handbuch für die Sozialwirtschaft. Baden-Baden: Nomos Verlagsgesellschaft 2011, S. 45 f.
[27] Gabler Verlag (Hrsg.): Gabler Wirtschaftslexikon. Stichwort: Software, Online im Internet: http://wirtschaftslexikon.gabler.de/Archiv/56933/software-v5.html (Abruf: 01.01.2012).
[28] Vgl. Kurbel, Karl: Software. In: Kurbel, Karl et al. (Hrsg.): Enzyklopädie der Wirtschaftsinformatik. Fünfte Auflage. München: Oldenbourg, 12.10.2011, Online im Internet: http://www.enzyklopaedie-der-wirtschaftsinformatik.de (Abruf: 01.01.2012).

Fa. AT&T entwickelte Unix. Aus Letzterem entstanden nach der Freigabe zur Weiterentwicklung Betriebssystem-Derivate wie Sun Solaris und Linux.

Im sozialwirtschaftlichen Bereich überwiegen, wie in anderen Bereichen auch, Betriebssysteme der Fa. Microsoft. Open Source-Betriebssysteme[29] in Form verschiedener Linux-Distributionen[30] haben diese, obwohl wesentlich preisgünstiger in der Anschaffung, bisher nicht zu einem wesentlichen Anteil ersetzen können. Der Grund hierfür besteht sicherlich darin, dass den offenkundigen Vorteilen von Linux-Distributionen, wie geringe Anschaffungskosten und Hardwareanforderungen bei gleichzeitiger Verfügbarmachung einer hohen Leistung, eine ganze Reihe von Nachteilen gegenübersteht. Ihr Einsatz erfordert – im Vergleich zu Windows-Betriebssystemen der Fa. Microsoft – ein sehr spezifisches technisches Fachwissen. Zudem ist die Anzahl von Anwendungsprogrammen, die auf Open Source-Betriebssystemen aufsetzen, geringer. Oft sind diese auch aufgrund ihres speziellen Zuschnitts weniger universell einsetzbar.[31]

Neben den Betriebssystemen soll an dieser Stelle eine weitere Kategorie von Systemsoftware Erwähnung finden, die seit der Jahrtausendwende überaus erfolgreich Einzug in die Welt der Server und Personal Computer gehalten hat – die sogenannten Virtualisierungslösungen. Allgemein definiert ist „Virtualisierung … die Technik, Betriebsmittel eines Computers so zu repräsentieren, dass sie von Benutzern und Programmen einfach verwendet werden können, ohne dass die genauen Implementationen oder physikalische Eigenschaften des Betriebsmittels bekannt sein müssen."[32]

---

[29] Als Open Source werden im Allgemeinen Softwarelösungen bezeichnet, deren Programmcode öffentlich zugänglich gemacht wird. Der Programmcode kann von jedem (unentgeltlich oder gebührenpflichtig) benutzt, kopiert, verteilt und weiterentwickelt werden. Vgl. Nüttgens, Marcus: Open-Source-Software, In: Kurbel, Karl et al. (Hrsg.): Enzyklopädie der Wirtschaftsinformatik. Fünfte Auflage. München: Oldenbourg, 03.09.2011, Online im Internet: http://www.enzyklopaedie-der-wirtschaftsinformatik.de (Abruf: 01.01.2012).
[30] Als Distributionen bezeichnet man spezifisch zusammengestellte Pakete von Open Source Software, häufig verbunden mit Supportleistungen, welche verschiedene Firmen kostenpflichtig anbieten. Beispiele für Linux-Distributionen sind Novell Suse Linux, Redhat oder Debian.
[31] Vgl. Kreidenweis, Helmut: Sozialinformatik. Baden-Baden: Nomos Verlagsgesellschaft 2005, S. 53.
[32] Fischer, Markus: Xen. Das umfassende Handbuch. Bonn: Galileo Press 2009, S. 84.

Ursprünglich als Technik zur besseren Auslastung der Rechenkapazitäten von Großrechnern entwickelt, beinhaltet Virtualisierung im heutigen Verständnis systemnahe Software, welche (im Zusammenspiel mit spezifischen Hardwarefunktionalitäten) mehreren Betriebssystemen auf einem einzigen Server oder PC jeweils ein eigenes Hardwaresystem „vortäuscht". Im Gegensatz zu physischen Systemen (1 Hardware und 1 Betriebssystem) teilen sich bei der Virtualisierung mehrere „virtuelle Maschinen" eine physische Hardwarebasis. Inzwischen existieren vielfältige Ansätze zur Virtualisierung (Paravirtualisierung, vollständige Virtualisierung), die durch ein breites Angebot von Softwareprodukten umgesetzt werden. Zu den am weitesten verbreiteten Softwarelösungen im Server- und PC-Bereich gehören neben Produkten der Firma VMWare (z.B. VMWare Workstation, VMWare VSphere), Produkte der Firma Microsoft (z.B. Hyper-V Server) sowie Xen der Firma Citrix oder Virtual Box der Firma Oracle. Neben kostenpflichtiger Virtualisierungssoftware existieren auch zahlreiche kostenlose Lösungen zur Virtualisierung, mit denen die Softwarehersteller den Kampf um die Marktführerschaft zu beeinflussen versuchen.

Zu den großen Vorteilen der Virtualisierung gehört die Server-Konsolidierung, die zu einer besseren Auslastung vorhandener Hardwareressourcen, zu mehr Energieeffizienz – ganz im Trend der „Green IT" – sowie zu höherer Verfügbarkeit und Sicherheit von Anwendungen beiträgt. Zudem ermöglicht Virtualisierung die Ablösung veralteter Hardware bei gleichzeitiger Unabhängigkeit beim Betrieb sogenannter Legacy-Anwendungen, die auf neueren Systemen nicht mehr lauffähig wären. Simulationen oder Testplattformen lassen sich ebenfalls mit Hilfe von Virtualisierung schnell realisieren. Generell lassen sich durch Virtualisierungslösungen Kosten (Hardware, Strom, Administration) senken und vorhandene Ressourcen effizienter nutzen.[33]

In Unternehmen der Sozialwirtschaft werden gegenwärtig Virtualisierungslösungen in beachtlichem Umfang eingesetzt. Im allgemeinen Durchschnitt nutzen laut „IT-Report für die Sozialwirtschaft 2011" bereits 45

---

[33] Vgl. Fischer, Markus: Xen. Das umfassende Handbuch. Bonn: Galileo Press 2009, S. 108-120.

Prozent aller Unternehmen Virtualisierungslösungen, durchschnittlich 55 Prozent der Rechenkapazitäten sind inzwischen virtueller Natur. Vorreiter beim Einsatz dieser Technologie sind vor allem die großen Unternehmen der Branche, die am stärksten von der Konsolidierung profitieren.[34]

3.3. Anwendungssysteme/Anwendungssoftware

Anwendungssysteme bezeichnen in der vorliegenden Studie die Programme, welche in einer Organisation alle operativen Aufgaben sowie die planerisch-strategischen Funktionsbereiche unterstützen.[35]

Leitung, Verwaltung und Fachpersonal sozialwirtschaftlicher Unternehmen benutzen Anwendungssysteme, um ihrer Arbeit nachzukommen. Diese können zentral oder dezentral zur Verfügung gestellt werden, dies variiert nach Technologie und Anbindung der Arbeitsplatzsysteme z.B. an ein Rechenzentrum. Als Ausprägungen von Anwendungssoftware lassen sich Standardsoftware und Individualsoftware unterscheiden. Standardsoftware bezeichnet für den Massenmarkt entwickelte Programme; Individualsoftware dagegen die für einen spezifischen Bereich bzw. Zweck entwickelten Programme. Individualsoftware kann auch durch eine spezifische Anpassung (Customizing) marktüblicher Standardsoftware entstehen.[36]

Im Folgenden sollen Anwendungssysteme, nach inhaltlichen Gesichtspunkten gruppiert, betrachtet werden, die für Unternehmen im sozialen Sektor relevant sind.

3.3.1. Betriebswirtschaftliche Anwendungen

Inhaltlich decken die im sozialen Bereich verwendeten betriebswirtschaftlichen Anwendungen schwerpunktmäßig meist folgende Aufgaben ab:

- Finanzbuchhaltung
- Kosten- und Leistungsrechnung

---

[34] Vgl. Kreidenweis, Helmut und Halfar, Bernd (Hrsg.): IT-Report für die Sozialwirtschaft 2011. Katholische Universität Eichstätt-Ingolstadt 2011, S. 16.
[35] Als Synonyme für Anwendungssystem werden auch die Begriffe Anwendungssoftware, Anwendung oder Applikation verwendet.
[36] Vgl. Gabriel, Roland: Anwendungssystem. In: Kurbel, Karl et al. (Hrsg.): Enzyklopädie der Wirtschaftsinformatik. Fünfte Auflage, München: Oldenbourg, 25.08.2011, Online im Internet: http://www.enzyklopaedie-der-wirtschaftsinformatik.de (Abruf: 01.01.2012).

- Controlling
- Materialwirtschaft
- Personalwirtschaft (z.B. Lohnabrechnung).

Für das betriebliche Rechnungswesen und die Personalwirtschaft in sozialwirtschaftlichen Unternehmen steht eine Vielzahl von Anwendungsprogrammen auf dem Softwaremarkt zur Verfügung. Zumeist handelt es sich um Programmpakete, die in modularer Form spezifische Anwendungen miteinander kombinieren. Ihre Grundlage bildet in der Regel eine zentral genutzte Datenbank. Die einzelnen Module sind über Schnittstellen mit der Speicherdatenbank, mit gemeinsam zu nutzenden Eingabemasken und Ausgabeformen (Berichte) sowie untereinander selbst verbunden.[37]

Je nach Organisationsgröße und Anforderungen an den Grad der IT-Unterstützung betriebswirtschaftlicher Aufgaben können aus den marktüblichen modularen Anwendungssystemen für betriebswirtschaftliche Zwecke ein Gesamtpaket oder auch nur einzelne Paketmodule ausgewählt werden. Dabei reicht die eingesetzte Produktpalette von komplexen und hochpreisigen High-End-Lösungen für den Großkundenbereich (z.B. SAP) über mittelständische Softwarelösungen (z.B. Sage KHK) bis hin zu Anwendungen für kleine und kleinste Unternehmen (z.B. Lexware).[38]

Sozialwirtschaftliche Unternehmen können einerseits betriebswirtschaftliche Standard-Softwarelösungen kaufen und nutzen. Diese werden dabei häufig durch Dritte (etwa Systemhäuser oder auf den sozialen Bereich spezialisierte IT-Consulting-Firmen) an die spezifischen Anforderungen der Branche angepasst oder durch Individuallösungen ergänzt. Inzwischen gibt es auch von den Branchenführern speziell für den sozialen

---

[37] Vgl. Kreidenweis, Helmut: Sozialinformatik. Baden-Baden: Nomos Verlagsgesellschaft 2005, S. 53-55.
[38] Vgl. ebd.

Sektor angepasste Software, die auch in sozialwirtschaftlichen Unternehmen mittlerer Größe zum Einsatz kommt.[39]

Die Nutzung betriebswirtschaftlicher Anwendungen durch eigenes Personal und auf eigener Hardwarebasis ist jedoch nicht für alle Unternehmen im sozialen Bereich gängige Praxis. Insbesondere kleinere Einrichtungen lagern ihre Buchhaltung häufig ganz oder teilweise aus. Als externe Leistungsanbieter werden dabei neben den „klassischen" Steuerberatern auch Dienstleister aus dem sozialwirtschaftlichen Bereich selbst in Anspruch genommen.[40]

3.3.2. Fachanwendungen für die soziale Arbeit

Unter Fachanwendungen versteht man im Allgemeinen branchenspezifische, für bestimmte Fachaufgaben entwickelte Softwareprodukte. Im sozialen Bereich stellen Fachanwendungen ein Arbeitsmittel der sogenannten Leistungssysteme (wie beispielsweise Sozialarbeiter, Betreuer, Pfleger etc.) dar. Das Fachpersonal sozialwirtschaftlicher Unternehmen arbeitet charakteristischerweise eher dezentral als zentral, daher müssen auch die Fachanwendungen zur Erfassung und Verarbeitung mit der fachlichen Arbeit einhergehender Informationen zumeist dezentral zur Verfügung gestellt werden.[41]

Charakteristisch für die Mehrheit der heute in sozialwirtschaftlichen Unternehmen eingesetzten Fachanwendungen ist der unterschiedliche Grad ihrer Standardisierung und damit auch ihrer Einsatzbreite. Oftmals handelt es sich um Individuallösungen, also um Softwareprodukte, die für einen

---

[39] Referenzkunden für „SAP for Healthcare", einem speziell erweiterten SAP-Standardprodukt, sind u.a. der Arbeiter Samariter Bund Köln und das Diakonische Werk Braunschweig. Vgl. SAP AG (Hrsg.): SAP für das Gesundheitswesen. Kunden, Online im Internet: http://www.sap.com/germany/industries/healthcare/customersuccess/index.epx (Abruf: 01.01.2012).
[40] Ein Beispiel für letzteren Fall ist die PariDienst Gesellschaft für betriebswirtschaftliche Dienste mbH (ein Tochterunternehmen des Paritätischen Wohlfahrtsverbandes NRW), die Dienstleistungen, wie IT-gestützte Gehaltsrechnung und Finanzbuchhaltung, überwiegend für Verbandsmitglieder anbietet. Vgl. PariDienst GmbH (Hrsg.): Unsere Produkte und Dienstleistungen. Online im Internet: http://www.paridienst.de/content/e1585/ (Abruf: 01.01.2012).
[41] Vgl. Hoffmann, Rüdiger und Wismans, Benedikt: Dezentrale IT-Architekturen in der Sozialwirtschaft. In: Kreidenweis, Helmut und Halfar, Bernd (Hrsg.): Dokumentation zur 4. Eichstätter Fachtagung Sozialinformatik. Eichstätt 2009, S. 125 f.

spezifischen Aufgabenkreis oder sogar nur für einen spezifischen Aufgabenkreis eines einzigen Unternehmens entwickelt wurden. Nur wenige Fachprogramme am Markt weisen eine höhere Verwendungsvielfalt auf und können vor der praktischen Einführung durch sogenanntes Customizing an unternehmensspezifische Anforderungen angepasst werden.[42]

Zu den wesentlichen Funktionsgruppen der heute in der deutschen Sozialwirtschaft eingesetzten Fachanwendungen gehören:[43]

- Planungs- und Dokumentationssysteme
  Fachanwendungen dieser Inhaltskategorie setzen die schriftliche Hilfe- und Maßnahme-Planung sowie die Dokumentation der erbrachten Leistungen in eine IT-Lösung um.
- Klienten-Verwaltung
  Die Programme dienen insbesondere der Stammdatenverwaltung von Klienten.
- Leistungsabrechnung
  Software dieser Kategorie setzt auf der Klienten-Verwaltung und den Dokumentationssystemen auf und automatisiert vor allem die häufig komplizierte Abrechnung erbrachter Leistungen. Teilweise sind auch Ansätze eines Berichtswesens in die Software integriert.

Obwohl gegenwärtig laut Expertenmeinung die in der Sozialwirtschaft eingesetzten Fachanwendungen mehrheitlich immer noch Insellösungen darstellen, wird prognostiziert, dass diese in Zukunft von flexibleren und zugangsoffeneren Formen von Softwareprodukten abgelöst werden. Dabei wird u.a. auf die Möglichkeit hingewiesen, zentrale Fachanwendungen über das Internet einer dezentralen, orts- und systemunabhängigen Benutzung zugänglich zu machen.[44]

3.4. Internetdienste

Das Internet ist ein weltweites und offenes Rechnernetz, welches unzählige, voneinander unabhängige Computernetzwerke in der Welt so verbin-

---

[42] Vgl. Kreidenweis, Helmut: Sozialinformatik. Baden-Baden: Nomos Verlagsgesellschaft 2005, S. 55.
[43] Vgl. ebd., S. 56-59.
[44] Vgl. ebd., S. 63.

det, dass diese uneingeschränkt Daten miteinander austauschen können.[45] In diesem globalen „Netz der Netze" stehen verschiedene Dienste zur Verfügung, welche für die unterschiedlichen Kommunikationsformen im Internet eingesetzt werden. Zu den bekanntesten Internetdiensten gehören heute wohl die elektronische Post (E-Mail) und das World Wide Web (WWW).

3.4.1. E-Mail

Die elektronische Post stellt eine schnelle, asynchrone und für einen ausgewählten Adressatenkreis bestimmte Kommunikationsform dar. Als Möglichkeit, schnell und zielgerichtet nicht nur schriftliche Nachrichten, sondern auch Bilder und eine Vielzahl weiterer Dateiformate in elektronischer Form zu versenden, hat sie inzwischen auch in sozialwirtschaftlichen Unternehmen häufig der papiergebundenen klassischen Post den Rang abgelaufen. E-Mail wird im Wesentlichen zur Abwicklung der geschäftlichen Korrespondenz, zur Kommunikation mit Auftraggebern und Klienten, im Bereich von Marketing und Fundraising sowie für den fachlichen Informationsaustausch selbst benutzt.

Letzterem Zweck dienen auch die sogenannten Mailing-Listen – dialogorientierte, zumeist themenbezogene Verteilergruppen für E-Mails.[46] Beispiele für Mailing-Listen finden sich insbesondere im Bereich sozialwissenschaftlicher Lehre und Forschung, aber auch im Bereich der sozialen Praxis.[47]

Nicht mit Mailing-Listen zu verwechseln ist ein weiterer auf E-Mail basierender Informationsdienst – das Abonnieren von Newslettern. Diese werden als E-Mails von einem zentralen Herausgeber an eine Gruppe von

---

[45] 1969 als ARPANET in den USA entstanden, wurde das später in Internet umbenannte Netz bis Ende der 1980er Jahre überwiegend im akademischen Bereich, zunächst in den USA und dann weltweit, genutzt. Aufgrund der hohen Auslastung des Internets, einer direkten Folge des kommerziellen Booms durch das WWW, wurde bereits in der 2. Hälfte der 1990er Jahre begonnen, eine schnellere und leistungsfähigere physische Kommunikationsstruktur (das sogenannte Internet 2) aufzubauen.
[46] Zu den Vor- und Nachteilen von Mailing-Listen siehe Klima, Markus: Mailinglisten in politischen Organisationen. Online im Internet: http://www.hbs-hessen.de/archivseite/pol/klima.htm (Abruf: 01.01.2012).
[47] Als ein Beispiel sei hier stellvertretend die „Mailingliste Sozialarbeit" (Online im Internet: http://www.soziales-netz.de/mailingliste/index.html) genannt.

Rezipienten versendet. Die Kommunikationsform selbst ermöglicht keinen Dialog. Das inhaltliche Spektrum der Newsletter im sozialen Bereich erstreckt sich dabei von spezifischen Stellenbörsen über rechtliche Grundlagen der Sozialarbeit bis hin zu fachwissenschaftlichen Publikationen.

In der Praxis gehen spezifische Probleme mit der Nutzung des E-Mail-Dienstes einher, die auch von den Anbietern und Nutzern in der Sozialwirtschaft gelöst werden müssen. Im Wesentlichen beziehen sie sich auf die Gewährleistung der Kommunikationssicherheit. Während E-Mails in der Vergangenheit gewöhnlich unverschlüsselt im Klartext über das Internet übertragen wurden, werden heute verstärkt mathematisch-technische Methoden benutzt, um E-Mails (zumindest unmittelbar) vor unberechtigtem Lesen zu schützen. Ein weiteres Problem, welches bei der Benutzung von E-Mail als Kommunikationsmittel in den letzten Jahren akut geworden ist, ist die Flut unerwünschter und unaufgefordert versendeter E-Mails, der sogenannten Spam-Mails. Zudem besteht die Gefahr, dass über E-Mails schadhafte Inhalte (z.B. Viren, Trojaner oder Spyware) übertragen werden. In der Anwendungspraxis hat sich inzwischen eine Reihe von Schutzmechanismen etabliert, die teilweise technischer Natur sind (z.B. Spamfilter, Antivirensoftware), teils aber auch auf einer Änderung des Benutzerverhaltens in Folge verstärkter Sensibilisierung basieren.

3.4.2. World Wide Web (WWW) und Web 2.0

Das World Wide Web (WWW) wurde als ein weiterer auf dem Internet basierender Dienst im Jahr 1989 am Forschungszentrum CERN in Genf entwickelt. Es besteht im Grunde aus einer Vielzahl von Dokumenten in einem spezifischen Auszeichnungsformat (HTML). Durch Verweise (Hyperlinks) zu anderen Dokumenten entsteht ein komplexes Geflecht von Verbindungen, das dem einzelnen Nutzer vielfältige, jeweils individuelle Wege der Informationserschließung ermöglicht. Die formale, zumeist inhaltliche oder autorenbezogene Gruppierung mehrerer Webdokumente (sogenannter Webseiten) wird als Website bezeichnet. Diese sind im Internet durch eindeutige Adressierungssysteme erreichbar. Technisch werden Websites auf sogenannten Webservern veröffentlicht, ihre Anzeige auf dem lokalen Rechner des Benutzers wird durch spezifische Anwendungssoftware (Browser) möglich.

In den 1990er Jahren erlebte das World Wide Web eine rasante multimediale Entwicklung; neben Texten integrierten Webseiten nun zunehmend Bild-, Audio- und Videoformate. Die Kombination klassischer Texte und neuer Medienformen begründete letztendlich den kommerziellen Durchbruch des World Wide Web. Auch die Tatsache, dass weitere Internetdienste, wie etwa E-Mail, nahtlos integriert werden konnten, trug dazu bei, dass das WWW zur Jahrtausendwende zum populärsten Internetdienst weltweit geworden war.

Das multimediale World Wide Web erlebte in der ersten Dekade des 21. Jahrhunderts einen weiteren bedeutsamen Entwicklungssprung. Die zunehmende Informationsvernetzung führte zur Entwicklung spezifischer Applikationen, mit deren Hilfe die bisher passive Mehrheit der Konsumenten von Webinhalten auf einfache Weise zu Produzenten solcher Inhalte werden konnte. Diesen Entwicklungssprung veranschaulichen die Begriffe Web 2.0 oder Social Web, im deutschsprachigen Raum wurde in diesem Zusammenhang der Begriff Mitmach-Internet geprägt.[48]

Die Applikationen des Web 2.0 setzen – im Vergleich zum WWW der ersten Generation – kein Expertenwissen voraus und sind einfach zu handhaben. Größtenteils sind sie unentgeltlich oder sehr kostengünstig nutzbar. Allerdings bindet – wie es im deutschsprachigen Begriff offenkundig wird – das Mitmach-Internet im Gegenzug personelle Ressourcen, denn die produzierten Inhalte werden wesentlich durch Interaktion, Dialog und Partizipation geprägt. Die technische Basis der neuen Applikationen erlaubt deren einfache Einbettung in Dienste des „klassischen" Internets oder auch in andere Applikationen. Dies begründete, gemeinsam mit dem kommunikativen Potential zum Dialog auf Augenhöhe, die schnelle Verbreitung des Web 2.0. Im Folgenden sollen kurz einige der wichtigsten Applikationen vorgestellt werden.

---

[48] Zu den folgenden Ausführungen vgl. Reiser, Brigitte: Web 2.0 für soziale Organisationen. Online im Internet: http://www.sozialbank.de/fachbeitraege/ (Abruf: 21.09.2011).

Blogs (Online-Tagebücher) stellen ein verhältnismäßig niedrigschwelliges, zumeist textzentriertes Format des Web 2.0 dar. Für ihre Erstellung und Veröffentlichung stehen unterschiedlich komplexe, kostenlose oder kostengünstige Tools zur Verfügung. Zum regelmäßigen Lesen können Blogs in Form sogenannter RSS-Feeds abonniert werden. Mit ihnen werden die Blog-Leser informiert, sobald neue Inhalte veröffentlicht werden.

Mit Twitter, einer weiteren Applikation des Web 2.0, können registrierte Teilnehmer innerhalb der Nutzergemeinde von Twitter Kurznachrichten (Tweets) versenden bzw. empfangen. Diese Textnachrichten sind jeweils auf eine Länge von 140 Zeichen begrenzt. Man kann das Versenden von Tweets daher auch als eine Art „Mini-Blogging" bezeichnen. Tweets können durch ein sogenanntes „Follow me" abonniert werden. Herausgeber von Nachrichten auf Twitter verfügen damit über ein dynamisches Abonennten-Netzwerk, auch „Followers" genannt.

Eine dritte wichtige Applikation des Web 2.0 stellen Online Communities dar, zu deren bekanntesten Vertretern Facebook und Flickr gehören dürften. Sie basieren auf einem Kreis registrierter Benutzer, die sich selbst und ausgewählte Inhalte über Profile darstellen und auf diese Weise miteinander kommunizieren. Während Flickr der Veröffentlichung von Bildern gewidmet ist, enthalten Profile bei Facebook neben Multimedia-Inhalten auch blogähnliche Textbeiträge. Inhalte werden entweder im Internet, innerhalb der Community oder nur einem ausgewählten Kreis von Community-Mitgliedern zugänglich gemacht. Anzumerken sei an dieser Stelle unbedingt, dass Online Communities in Bezug auf Datenschutz und Datensicherheit erhebliche Risiken aufweisen können. Insbesondere Facebook ist in den vergangenen Jahren in dieser Hinsicht immer wieder in die Kritik geraten.[49]

---

[49] Vgl. z.B. Stiftung Warentest (Hrsg.): Datenschutz bei Onlinenetzwerken. In: Test, Nr. 4, 2010, Online im Internet: http://www.test.de/themen/computer-telefon/test/Soziale-Netzwerke-Datenschutz-oft-mangelhaft-1854798-1854999/ (Abruf: 22.09.2011) sowie ganz aktuell Kuri, Jürgen: Berliner Datenschützer fordert Behörden-Webseiten ohne Facebook. In: Heise online, 23.12.2011, Online im Internet: http://heise.de/-1400836 (Abruf: 03.01.2012).

3.4.3. Webnutzung durch die Sozialwirtschaft

Gemeinnützige Organisationen und Unternehmen in der Sozialwirtschaft begannen etwa Mitte der 1990er Jahre, das „klassische" WWW als multimediales Kommunikationsmedium zu nutzen. Zunächst fast ausschließlich der reinen Selbstdarstellung gewidmet, wurde das Web allmählich auch zur Bereitstellung von Fachinformationen und Beratungsangeboten genutzt.[50] Im Verlauf der ersten 10 Jahre des 21. Jahrhunderts kann für die Webpräsenzen der großen Non-Profit-Organisationen in Deutschland eine Entwicklung von ursprünglich sehr begrenzten Selbstdarstellungen hin zu zielgruppenorientierten Informationsportalen belegt werden.[51]

Im Rahmen der Selbstdarstellung gehören heute die Veröffentlichung von Satzung, Leitbild, Organisationsstruktur, Zielen und Fachaufgaben zum Standard der Webauftritte im sozialen Bereich. Ergänzt werden die bereitgestellten Inhalte durch Formen einer erweiterten Kommunikation, wie etwa eine zunehmende Vielfalt von Kontaktformen oder auch die Gewährleistung von Barrierefreiheit beim Informationszugang. Über die bloße Darstellung von Fachaufgaben hinausgehend, finden sich zunehmend auch praktische Hilfestellungen, wie etwa Literaturhinweise oder sogar Online-Beratungsangebote. Webpräsenzen im sozialen Bereich bieten in den letzten Jahren zudem verstärkt spezifische Inhalte für ausgewählte Zielgruppen an, z.B. in Gestalt von Pressetexten oder Informationsmaterial für Lehrer und Schüler. Kontinuierlich zugenommen hat auch die Tendenz, das WWW für Fundraising-Zwecke (Online Fundraising) zu nutzen. Neben Informationen über die vielfältigen Spendenmöglichkeiten und Maßnahmen zur Vertrauensbildung, wie etwa der Veröffentlichung von Jahresberichten, bieten zahlreiche Non-Profit-Organisationen inzwischen auch Möglichkeiten an, direkt online zu spenden. Abschließend sei noch hinzugefügt, dass sozialwirtschaftliche Unternehmen das WWW auch in wachsendem Maße für die interne Kommunikation, etwa in Gestalt von Intranets, zu nutzen wissen.

---

[50] Vgl. Kreidenweis, Helmut: Sozialinformatik. Baden-Baden: Nomos Verlagsgesellschaft 2005, S. 59-62.
[51] Zu den folgenden Ausführungen vgl. die Studie aus dem Jahr 2009 von: Hohn, Bettina und Hohn, Stefanie: Wie nutzen deutsche NPO das Marketing-Potential des Internets? Online im Internet: http://www.sozialbank.de/fachbeitraege/ (Abruf: 21.09.2011).

Im Rahmen von Social Networking[52] werden inzwischen auch die Applikationen des Web 2.0 von Unternehmen und Organisationen der Sozialwirtschaft genutzt. Insbesondere die Großen der Branche integrieren Blogs, Dienste wie RSS und Twitter sowie die Teilnahme an Online Communities in ihre Nutzung des „klassischen" WWW. Als Beispiele können hier Rotes Kreuz, Caritas, Welthungerhilfe, Plan oder die SOS-Kinderdörfer angeführt werden. Die Frage allerdings, ob in der Sozialwirtschaft das Web 2.0 und seine besonderen Potentiale in Hinblick auf Interaktion und Vernetzung bereits in ausreichendem Umfang genutzt werden, verneinen die meisten Autoren für Deutschland.[53] Dabei bietet das Mitmach-Internet wesentliche Vorteile, insbesondere für Non-Profit-Organisationen: Dialog und interaktive Kommunikation fördern den Aufbau längerfristiger und enger Beziehungen zwischen Organisation und Unterstützern. Durch Vernetzung in Online Communities können zusätzliche Ressourcen gewonnen werden, etwa in Gestalt von Spenden und Helfern oder auch politischer Unterstützung und breiter gesellschaftlicher Legitimation. Im Vergleich zum Online Fund-raising des „klassischen" WWW erhöht sich durch die Nutzung von Social Media die Reichweite von Kampagnen zur Ressourcenbeschaffung deutlich. Eine ganz neue Qualität kann etwa durch Formen eines Peer-to-Peer Fundraising erreicht werden. Hier dient im Sinne des Empfehlungsmarketings (Viralmarketing) ein Netzwerk von Unterstützern als Multiplikatoren, wobei sich diese Netzwerke wiederum zweckgebunden und flexibel miteinander verbinden können.

Generell lässt sich konstatieren, dass das Web 2.0 große Chancen für den Aufbau enger und stabiler Netzwerke bietet, welche bislang im sozialen Bereich in Deutschland aber noch unterdurchschnittlich genutzt werden. Beispiele wie Rotes Kreuz oder Caritas zeigen jedoch, dass diese Möglichkeiten in Bezug auf Dialog, Vernetzung und Fundraising zunehmend erkannt und genutzt werden.

---

[52] Der Begriff Social Networking wird hier digital verengt im Sinne von Beziehungsarbeit im Internet mit Hilfe von Social Media verwendet.
[53] Zu den folgenden Ausführungen vgl. Reiser, Brigitte: Web 2.0 für soziale Organisationen. Online im Internet: http://www.sozialbank.de/fachbeitraege/ (Abruf: 21.09.2011) sowie Hohn, Bettina und Hohn, Stefanie: Wie nutzen deutsche NPO das Marketing-Potential des Internets? Online im Internet: http://www.sozialbank.de/fachbeitraege/ (Abruf: 21.09.2011).

Eine erfolgreiche Nutzung der Potentiale des Mitmach-Internets setzt bei Unternehmen und Organisationen in der Sozialwirtschaft eine interne Entwicklung voraus. Insbesondere müssen viele Akteure im sozialen Bereich erst eine entsprechende Social Media - Kompetenz aufbauen und die Bereitschaft entwickeln, Personal und Zeit für diesen speziellen Zweig der Beziehungsarbeit einzuplanen. Zusätzlich ist es überaus wichtig, dass jedes Unternehmen und jede Organisation die jeweils konkreten Vorteile und Risiken bei der Nutzung der neuen Kommunikationskanäle in Bezug auf ihre Aufgaben sorgsam gegeneinander abwägt und dann gezielt ausgewählte Applikationen des Web 2.0 einsetzt.

Inwiefern das Mitmach-Internet im Bereich der Sozialwirtschaft in Gestalt wahrhaft interaktiver und durch Partizipation geprägter Webangebote letztlich eine breite Umsetzung findet, wird die Zukunft zeigen. Untersuchungen, die sich mit der Nutzung von Social Media durch soziale Organisationen in Deutschland beschäftigt haben, gehen eher davon aus, dass auch zukünftig das Motto „Online organisieren und vernetzen – offline wirken" beherrschend bleiben wird.[54]

---

[54] Vgl. Hohn, Bettina und Hohn, Stefanie: Wie nutzen deutsche NPO das Marketing-Potential des Internets? Online im Internet: http://www.sozialbank.de/fachbeitraege/ (Abruf: 21.09.2011).

4. IT-Outsourcing und Cloud Computing

4.1. IT-Outsourcing

Für Führungskräfte in sozialwirtschaftlichen Unternehmen verbindet sich der Begriff des IT-Outsourcings häufig mit der Rückkehr zu den Kernkompetenzen sozialer Arbeit. Außerdem verspricht die Auslagerung interner IT-Fachkräfte oder IT-Services Kostensenkungen in nennenswertem Umfang.[55] Diese beiden Faktoren, Steigerung der Wirtschaftlichkeit einerseits und Qualitätssteigerung durch Konzentration auf das Kerngeschäft andererseits, könnten besondere Anreize für die Sozialwirtschaft darstellen, IT-Outsourcing umzusetzen.

Zunächst ist die Frage zu klären, was unter IT-Outsourcing zu verstehen ist, welche Formen existieren und was IT-Outsourcing für ein Unternehmen der Sozialwirtschaft bedeuten kann.

Eine allgemeine Begriffsdefinition bestimmt Outsourcing generell als „Verzicht eines Unternehmens eine Leistung selbst zu produzieren und sie stattdessen bei einem anderen Unternehmen einzukaufen. Beim Outsourcing geht es um die Entscheidung in welchem Umfang und in welcher Qualität ein Unternehmen eine Leistung selbst produziert oder von außen bezieht."[56] Nach Kreidenweis ist IT-Outsourcing „eine auf Dauer angelegte, vertraglich geregelte Vergabe von Leistungen im Bereich der Informationstechnologie gegen Entgelt an externe Anbieter."[57]

In den oben aufgeführten Begriffsdefinitionen wird bereits sichtbar, worauf Unternehmen der Sozialwirtschaft achten müssen, damit sie nicht zu blauäugig dem großen Versprechen einer mühelosen und beträchtlichen Kosteneinsparung durch IT-Outsourcing folgen. Durch Auslagerung sinken zwar einerseits die Kosten, andererseits werden aber zusätzliche organisatorische Ressourcen gebunden. Im Allgemeinen bedürfen Outsourcing-

---

[55] Vgl. Kreidenweis, Helmut: IT-Handbuch für die Sozialwirtschaft. Baden-Baden: Nomos Verlagsgesellschaft 2011, S.101.
[56] Horcher, Georg: Outsourcing. In: Maelicke, Bernd (Hrsg.): Lexikon der Sozialwirtschaft. Baden-Baden: Nomos Verlagsgesellschaft 2008, S. 751.
[57] Kreidenweis, Helmut: IT-Handbuch für die Sozialwirtschaft. Baden-Baden: Nomos Verlagsgesellschaft 2011, S.102.

Projekte einer sorgfältigen und umfassenden Vorbereitung. Auch wenn IT-Outsourcing den Anschein erweckt, dass „einfach" die komplette IT aus dem Unternehmen herausgelöst wird, so muss doch im Unternehmen selbst eine hohe technische und organisatorische Kompetenz verbleiben. Die Standardisierung der eigenen Geschäftsprozesse und die damit verbundene Schnittstellenbeschreibung zum externen IT-Dienstleister sowie die Definition und Pflege der zugehörigen Service Level Agreements (SLA)[58] müssen im Unternehmen selbst geleistet werden. Die bloße Weitergabe unternehmensinterner ungelöster Probleme an einen externen Dienstleister wird niemals zum gewünschten Erfolg führen.[59]

Vergleicht man die Gegenüberstellung von Chancen und Risiken des IT-Outsourcings in der Literatur, so werden meist auf der Seite der Vorteile die Konzentration auf das Kerngeschäft und die Flexibilität bei der Inanspruchnahme vertraglich garantierter IT-Dienstleistungen aufgeführt. Als Nachteile kann IT-Outsourcing Abhängigkeit vom externen Dienstleister und Kompetenzverlust mit sich bringen. Oftmals wird auch darauf hingewiesen, dass IT-Outsourcing schwer rückgängig zu machen ist. Die Kostenfrage im Zusammenhang mit IT-Outsourcing wird ambivalent bewertet, den Kostenvorteilen (variable statt fixe Kosten) werden häufig die Kosten für die Kontrolle und Koordination der externen IT-Dienstleister gegenübergestellt. Zudem wird darauf hingewiesen, dass die Bestimmung eines klaren Kostenvorteils durch IT-Outsourcing oftmals dadurch erschwert wird, dass die realen Kosten für eine spezifische Leistung im Unternehmen nicht klar ermittelt werden können.[60]

---

[58] Service Level Agreements sind Vereinbarungen oder Verträge zwischen Auftraggebern und Auftragnehmern von IT-Dienstleistungen. Ein SLA beinhaltet die Bestimmung von Umfang und Qualität der beauftragten Leistung für den Auftragnehmer sowie Umfang und Qualität der Mitwirkung des Auftraggebers. Vgl. Klumbies, Hans: Service Level Agreement. 22.09.2009, In: MittelstandsWiKi, Online im Internet: http://www.mittelstandswiki.de/Service_Level_Agreement (Abruf: 12.09.2011).
[59] Vgl. Allweyer, Thomas, Besthorn, Thomas und Schaaf, Jürgen: IT-Outsourcing: Zwischen Hungerkur und Nouvelle Cuisine. In: Economics, Nr. 43, 06.04.2004, Online im Internet: http://129.35.230.60/PROD/DBR_INTERNET_EN-PROD/PROD00000000000
73793.pdf (Abruf: 23.08.11), S. 1.
[60] Vgl. ebd., S.14-18 sowie Sailer, Regina: Outsourcing. 10.11.2010, In: MittelstandsWiKi, Online im Internet: http://www.mittelstandswiki.de/Outsourcing (Abruf: 12.09.2011).

Im Folgenden soll zur Klärung weiterer Begrifflichkeiten auf Ebenen und Formen des Outsourcings näher eingegangen werden.

Ausgehend von der Identifikation ihres Kerngeschäftes definieren Unternehmen, welche weiteren Geschäftsvorgänge in welchem Umfang an externe Dienstleister ausgelagert werden können.

Allgemein lassen sich dabei drei Ebenen von Geschäftsvorgängen in Hinblick auf die Möglichkeiten zum Outsourcing unterscheiden:[61]

- Prozess-Ebene
  (Fachliche und organisatorische Aspekte des Geschäftsvorganges)
- Anwendungs-Ebene
  (Softwareunterstützung)
- Infrastruktur-Ebene
  (Hardware, Betriebssysteme, Netzwerke, Datenspeicher)

Die Prozessebenen von Kerngeschäft und Management werden stets durch das Unternehmen selbst wahrgenommen, während Anwendungs- und Infrastrukturebene graduell unterschiedliche Möglichkeiten zur Übertragung an externe Dienstleister bieten. Bei Geschäftsvorgängen jenseits des Kerngeschäfts bieten alle drei Ebenen Möglichkeiten zum Outsourcing.In der Praxis existieren vielfältige Formen von Outsourcing, einige prototypische Ausprägungen sollen hier kurz vorgestellt werden.[62]

Business Process Outsourcing (BPO)

Das Outsourcing kompletter Geschäftsprozesse wird als Business Process Outsourcing (BPO) bezeichnet. Häufig werden sogenannte Supportprozesse ausgelagert. Diese haben für das Unternehmen keine strategische Bedeutung und weisen oftmals bereits einen hohen Standardisierungsgrad auf. In Unternehmen der Sozialwirtschaft könnten z.B. die Lohnbuchhaltung oder die Leistungsabrechnung im Rahmen des Business

---

[61] Vgl. Allweyer,Thomas, Besthorn, Thomas und Schaaf, Jürgen: IT-Outsourcing: Zwischen Hungerkur und Nouvelle Cuisine. In: Economics, Nr. 43, 06.04.2004, Online im Internet: http://129.35.230.60/PROD/DBR_INTERNET_EN-PROD/PROD0000000000073793.pdf (Abruf: 23.08.11), S. 12.
[62] Zu den folgenden Ausführungen vgl. ebd., S.12-14 sowie Sailer, Regina: Outsourcing. 10.11.2010, In: MittelstandsWiKi, Online im Internet: http://www.mittelstandswiki.de/Outsourcing (Abruf: 12.09.2011).

Process Outsourcings an externe Dienstleister übergeben werden. Beim Auslagern kompletter Geschäftsprozesse wird auch die Verantwortung für die IT-Unterstützung der Prozesse an Externe abgegeben. Daher muss der Auftraggeber darauf achten, dass die IT-Systeme des Dienstleisters kompatibel zu den eigenen Systemen sind, um einen reibungslosen Ablauf aller Unternehmensprozesse zu gewährleisten.

Comprehensive Outsourcing
Bei dieser Outsourcing-Variante wird ein kompletter Unternehmensbereich ausgegliedert. Dies kann zeitlich begrenzt oder dauerhaft erfolgen. Beim Komplett-Outsourcing muss sich der externe Dienstleister an die Prozesse und die vorhandene IT des Auftraggebers anpassen, insofern handelt es sich stets um eine individuelle Dienstleistung. Ein Beispiel für Comprehensive Outsourcing in der Sozialwirtschaft wäre die Ausgliederung der kompletten IT-Abteilung und aller ihrer Dienste (Personal, Management sowie Betrieb von IT-Infrastruktur und Anwendungen) aus einem sozialwirtschaftlichen Unternehmen.

Business Transformation Outsourcing (BTO)
Diese Form des Outsourcings geht noch über das gerade beschriebene Comprehensive Outsourcing hinaus. Business Transformation Outsourcing beschränkt sich nicht auf die Übernahme existierender Prozesse durch Externe, sondern vereint Beratung und Betrieb durch Dienstleister mit dem Ziel der Weiterentwicklung. Dabei sollen Prozessverbesserungen für das auftraggebende Unternehmen erreicht werden.

Outtasking/selektives Outsourcing
Beim Outtasking werden Teilaufgaben an externe Dienstleister übertragen. Dabei handelt es sich zumeist um Aufgaben, bei denen das Unternehmen dringend Entlastung benötigt. Dies könnten in Hinblick auf die IT-Aufgaben beispielsweise der Helpdesk oder die Erstinstallation von Arbeitsplatzcomputern sein. Die komplette Kontrolle der IT (Management, Infrastruktur und Anwendungen) verbleibt beim auftraggebenden Unternehmen. Auch einzelne Anwendungen, die an externe Dienstleister übertragen werden, zählen zum selektiven IT-Outsourcing.

4.2. Cloud Computing

4.2.1. Begriffsbestimmung

Im Cloud Computing finden sich verschiedene Outsourcing-Formen wieder, bezogen auf die IT eines Unternehmens. Es entspricht im Wesentlichen dem Outtasking oder selektiven Outsourcing, kann aber auch Business Process Outsourcing und Comprehensive Outsourcing begleiten. Ganz allgemein versteht man unter Cloud Computing die Bereitstellung skalierbarer IT-Infrastrukturen und -Dienste, welche via Netzwerkzugriff genutzt werden. Dem Benutzer gegenüber ist die IT-Gesamtstruktur so intransparent wie eine „Wolke", nur der jeweils von ihm in Anspruch genommene Teil wird für ihn sichtbar.

Seinen Ursprung hat das Cloud Computing im sprunghaften Wachstum des Social Web in der ersten Dekade des 21. Jahrhunderts und dem damit einhergehenden steigenden Bedarf an Rechenkapazität bei gleichzeitiger Effizienzsteigerung neuer Hardwareentwicklungen.[63] Der in den letzten Jahren Schwung aufnehmenden Hype um die Cloud ist mit der Hoffnung verbunden, durch Nutzung externer IT-Ressourcen Kosten in beträchtlichem Umfang senken zu können. Daher müssen sich viele IT-Verantwortliche gegenwärtig mit der Frage auseinandersetzen, ob sich Cloud Computing als spezifische Form des IT-Outsourcings für ihr Unternehmen lohnt.[64]

Derzeit existiert keine allgemeingültige und eindeutige Begriffsdefinition des Cloud Computings. Es lässt sich jedoch in drei wesentliche Bereiche unterteilen: Infrastructure-as-a-Service (IaaS), Plattform-as-a-Service

---

[63] Vgl. AMD (Hrsg.): Die Cloud-Computing-Technologie von AMD. Online im Internet: http://sites.amd.com/de/business/it-solutions/web-cloud/Pages/web-cloud.aspx (Abruf: 11.07.2011).
[64] Vgl. Christmann, Constantin, Falkner, Jürgen, Kopperger, Dietmar und Weisbecker Anette: Kosten und Nutzen von Cloud-Computing. Schein oder Sein. In: iX, Nr. 5, 2011, S. 38.

(PaaS) und Software-as-a-Service (SaaS). Diese Bereiche bauen hierarchisch aufeinander auf:[65]

Infrastructure-as-a-Service (IaaS)

Infrastructure-as-a-Service stellt ganz allgemein IT-Infrastrukturen bereit, beispielsweise in Form von Hardware (Server, Datenspeicher, Archivierungssysteme etc.) und deren Managementsoftware. Man könnte IaaS auch einem Rechenzentrum in der „Wolke" gleichsetzen.

Plattform-as-a-Service (PaaS)

Plattform-as-a-Service stellt, in Erweiterung von IaaS, neben Hardware und deren spezifischer Managementsoftware auch grundlegende Basis-Software als Service zur Verfügung. Auf diesen Hard- und Software-Plattformen werden wiederum die sogenannten SaaS Lösungen betrieben.

Software-as-a-Service (SaaS)

Software-as-a-Service ist eine Form von Cloud Computing, bei dem eine Software bzw. Funktionalitäten einer Software als Service zur Verfügung gestellt werden. Der Anbieter von SaaS stellt die Software oder Funktionen derselben nicht nur bereit, er pflegt und administriert die bereitgestellte Software auch. Der Kunde muss die in der Cloud genutzte Software nicht kaufen, sondern bezahlt wird lediglich die Nutzung der Softwarefunktionalität.

Werden SaaS-Lösungen über das Internet einem prinzipiell offenen Kundenkreis zur Verfügung gestellt, spricht man auch von einer sogenannten Public Cloud. Im Gegensatz dazu unterscheidet man SaaS-Lösungen der Private Cloud, wenn diese nur innerhalb eines abgegrenzten Netzwerkes einem geschlossenen Kundenkreis zur Verfügung gestellt werden.

---

[65] Zu den folgenden Ausführungen vgl. Grohmann, Werner: SaaS, PaaS, IaaS, S+S, Cloud-Computing – Durchblick im Begriffswirrwarr. 08.12.2009, Online im Internet: http://www.on-demand-business.de/2009/12/saas-paas-iaas-s-plus-s-cloud-computing-durchblick-im-begriffswirrarr/ (Abruf: 11.07.2011) sowie Beckmann, Christoph: Was ist Cloud-Computing. Online im Internet: http://www.phphatesme.com/blog/webentwicklung/cloud-computing/ (Abruf: 11.07.2011).

4.2.2. Vorteile und Nachteile

Cloud Computing versetzt Unternehmen in die Lage, IT-Leistungen zu nutzen, ohne dafür interne IT-Ressourcen längerfristig vorhalten zu müssen. Es erlaubt den Zugriff auf extern zur Verfügung gestellte IT-Services, etwa Speicherplatz, Datensicherungssysteme, Applikationen oder spezifische Funktionalitäten von Applikationen.

Die Kosten für die Dienstleistungen in der Cloud sind in Abhängigkeit vom Nutzungsumfang und dessen erwarteter Entwicklung verhältnismäßig gut kalkulierbar. Hohe Investitionen in die eigene IT, die langfristig Kapital binden und die Liquidität senken, werden durch nutzungsorientierte Kosten ersetzt. Auch der Personalaufwand für die IT-Administration wird durch Cloud Computing reduziert, die Wartung und Pflege der Anwendungen entfallen. Dazu zählen z.B. Nachbesserungen der Applikationen, Patchmanagement und das Nachrüsten von Ressourcen für die Skalierbarkeit der IT-Services. In Einzelfällen entfällt auch die Notwendigkeit, spezifisches IT-Fachwissen im eigenen Unternehmen aufzubauen oder vorzuhalten. Auch saisonale Spitzen können mittels Cloud Computing abgefangen werden, da die genutzten IT-Services im Bedarfsfall zumeist unproblematisch in beide Richtungen skaliert werden können.[66]

Große Vorteile bietet das Cloud Computing auch für die Zusammenarbeit von örtlich getrennten verteilten Teams oder Homeoffice-Arbeitsplätzen sowie bei der Einbindung externer Dienstleister, z.B. einer ausgelagerten Finanzbuchhaltung. Der asynchrone Dokumentenaustausch des klassischen oder digitalen Postverkehrs wird ersetzt durch den synchronen Zugriff auf benötigte Daten und Informationen. Eine gemeinsame Datenbasis in der Cloud verringert Inkongruenzen und sorgt für die Aktualität der Daten. Auch Abstimmungsaufwand, typisch für verteiltes Arbeiten, kann verringert werden. Die Kooperation in einem Unternehmen mit verteilten

---

[66] Vgl. Blome, Joachim: Enterprise-Applikationen ins Cloud-Computing bringen. 22.05.2009, Online im Internet: http://www.dotnetpro.de/articles/webarticle65.aspx (Abruf: 11.07.2011).

Standorten lässt sich durch Cloud Computing erheblich vereinfachen und optimieren.[67]

Allerdings bedeutet die Nutzung von Cloud Computing für ein Unternehmen nicht nur Vorteile, zu berücksichtigen sind unbedingt auch spezifische nachteilige bzw. aufwandsverursachende Faktoren.

So ist häufig der Aufwand, um bereits intern vorhandene Applikationen in einer Cloud zu betreiben, recht hoch. Anwendungen müssen unter Umständen kostenintensiv angepasst werden, um diese in die Cloud zu verlagern. Hier ist im Vorfeld der Entscheidung für die Cloud zu prüfen, ob eine Portierung aller Applikationen sinnvoll ist oder ob Neubeschaffungen im Einzelfall kostengünstiger wären. Auch die nahtlose Integration von Services der Cloud in die unternehmensinterne IT-Infrastruktur stellt eine nicht zu vernachlässigende Herausforderung für das interne IT-Personal dar. Zudem werden hohe Bandbreiten der Internetanbindung bzw. in der Netzwerkinfrastruktur benötigt, um die IT-Services in der Cloud performant nutzen zu können, was wiederum mit spezifischen Kosten verbunden ist. Bei der Betrachtung von Verfügbarkeit und Sicherheit der IT-Dienstleistungen in der Cloud ist die Frage nach den Vor- oder Nachteilen gegenüber einer „klassischen" IT-Infrastruktur dagegen oftmals nicht generell zu beantworten, sondern kann nur ausgehend von der jeweiligen Unternehmenssituation beantwortet werden.[68]

4.2.3. Datenschutz und Datensicherheit

Im Zusammenhang mit der Verarbeitung personenbezogener Daten bei der Nutzung von IT-Services in der Cloud tauchen spezielle rechtliche und technische Fragestellungen auf, die im Weiteren kurz betrachtet werden sollen.[69]

---

[67] Vgl. Jung-Elsen, Sabine: Software as a Service. Was bringt es wirklich? In: IT-Management, November 2010, S. 45.
[68] Vgl. ebd.
[69] Zu den folgenden Ausführungen vgl. Weichert, Thilo: Cloud Computing und Datenschutz. Online im Internet: https://www.datenschutzzentrum.de/cloud-computing/ (Abruf: 11.07.2011).

Eine große Herausforderung beim Cloud Computing stellt die Gewährleistung der Integrität und Vertraulichkeit der verarbeiteten Daten dar. Essentiell wichtig ist dies bei personenbezogenen Daten, da hier das Datenschutzrecht[70] Anwendung findet. Der Anbieter von IT-Services in der Cloud muss sicherstellen, dass kein unberechtigter Zugriff auf diese Informationen stattfindet. Er muss nachvollziehbar darstellen können, mit welchen technischen Methoden die Daten unterschiedlicher Auftraggeber getrennt werden.

Für den potentiellen Nutzer von Cloud-Diensten können die 10 Punkte des § 11 Abs. 2 BDSG als eine erste Orientierungshilfe dienen, um das Sicherheitsniveau und die Datenschutzkonformität eines Cloud-Anbieters zu beurteilen.[71] Das Bundesamt für Sicherheit in der Informationstechnik (BSI) hat bisher lediglich ein Eckpunktepapier „Mindestsicherheitsanforderungen an Cloud-Computing-Anbieter" veröffentlicht, in dem auf die Verarbeitung von Daten und Informationen mit normalem bis hohem Schutzbedarf eingegangen wird. Da gegenwärtig noch keine Zertifizierung für Anbieter von Cloud-Diensten existiert, können sich Kunden bei der Bewertung eines Cloud-Anbieters laut BSI-Empfehlung nur am IT-Grundschutz auf der Basis des ISO-Standards 27001 orientieren.[72]

Die Verträge zwischen Anbietern und Nutzern von IT-Dienstleistungen in der Cloud sind juristisch äußerst komplex, da sie eine Mischung aus Miet-, Leih-, Dienst- und Werkvertrag darstellen. Hierbei finden Handels-, Straf-, Steuer- und Datenschutzrecht Anwendung. Aufgrund der resultierenden rechtlichen Fragen, die bisher nur zum Teil gesetzlich geregelt sind, muss bei der beabsichtigten Inanspruchnahme von IT-Diensten in der Cloud ein besonderes Augenmerk auf den „IT-Vertrag" mit dem Dienstanbieter ge-

---

[70] Gemeint sind hier die deutschen Landes- und Bundesdatenschutzgesetze sowie die EU-Richtlinien zum Datenschutz.
[71] Siehe Anhang A der vorliegenden Studie, S. 73.
[72] Vgl. Münch, Isabell, Doubrava, Dr. Clemens, Essoh, Alex Didier: Standards für die Sicherheit. In: Move. Moderne Verwaltung, Nr. 1, 2011, S. 39-41. Erst in diesem Jahr soll die bereits 2009 beschlossene „Stiftung für Datenschutz" die Arbeit aufnehmen. Die von ihr festzulegenden Qualitätsstandards für mehr Sicherheit im Internet werden auch für die Beurteilung angebotener Cloud-Dienste heranzuziehen sein. Vgl. Tajeddini, Damon: Aigner fordert hohe Sicherheitsstandards für Cloud-Anbieter. In: iX, 9.12.2011, Online im Internet: http://www.heise.de/ix/meldung/Aigner-fordert-hohe-Sicherheitsstandards-fuer-Cloud-Anbieter-1392808.html (Abruf: 18.12.2011).

legt werden. Ohne juristischen Beistand sollte ein solcher Vertragsabschluss nicht erfolgen.[73]

In Hinblick auf technische Fragen zu Datenschutz und Datensicherheit ist es unter Umständen ebenso wichtig, sich durch kompetente Dritte beraten zu lassen.

4.2.4. Einsatz in der Sozialwirtschaft

Auf dem Markt werden zahlreiche Software-as-a-Service-Lösungen angeboten, überwiegend in den Bereichen Dokumentation und Qualitätssicherung. Diese sind über das Internet sofort nutzbar, sie bedürfen keines bestimmten Betriebssystems und sind plattformunabhängig.

Die unterschiedlichen SaaS-Anbieter betrachten die Sozialwirtschaft mittlerweile als einen Schlüsselmarkt, welcher durch die demographische Entwicklung stetig an Bedeutung gewinnen wird. Durch speziell für die Sozialwirtschaft vorgehaltene SaaS-Lösungen sind Unternehmen im sozialen Bereich sehr schnell in der Lage, individuell passfähige IT-Funktionalitäten abzurufen.

So können etwa mit relativ geringem Aufwand in der Cloud bereitgestellte Vorlagen für Qualitätsmanagement-Handbücher an die Bedürfnisse des jeweiligen Unternehmens angepasst werden, was wiederum die Einführung eines benutzerfreundlichen und wirkungsvollen Qualitätsmanagement-Systems erleichtern kann. Durch die zentrale Bereitstellung der Applikation, der Musterhandbücher und durch die Plattformunabhängigkeit lassen sich bei der Implementierung eines Qualitätsmanagements zeitliche und monetäre Ressourcen einsparen. Die Plattformunabhängigkeit garantiert darüber hinaus eine hohe Flexibilität der Applikation. Diese kann – beispielsweise im Falle eines Dokumentenmanagementsystems mit vorab erfolgter Anpassung an die internen Arbeitsabläufe – auch direkt

---

[73] Vgl. Weichert, Thilo: Cloud Computing und Datenschutz. Online im Internet: https://www.datenschutzzentrum.de/cloud-computing/ (Abruf: 11.07.2011).

beim Kunden sozialwirtschaftlicher Unternehmen auf mobilen Endgeräten via Internet genutzt werden.[74]

Die Nutzung von SaaS-Lösungen scheint sich als allgemeiner Trend innerhalb der Sozialwirtschaft bisher aber (noch) nicht durchgesetzt zu haben. Die Potentiale des Cloud Computings als einem Spezialfall von IT-Outsourcing werden gegenwärtig noch unterdurchschnittlich genutzt. Laut „IT-Report für die Sozialwirtschaft" aus dem Jahre 2011 ist dies vor allem dem veralteten Stand der eingesetzten IT-Technologien und einer oftmals unterentwickelten IT-Organisation bei der Mehrheit sozialwirtschaftlicher Unternehmen geschuldet.[75]

---

[74] Vgl. SaaS: Dokumentation im Healthcare. In: SaaS-Magazin, Online im Internet: http://www.saasmagazin.de/saasondemandmarkt/unternehmen/orgavision060410.html (Abruf: 13.07.11).

[75] Vgl. Kreidenweis, Helmut und Halfar, Bernd (Hrsg.): IT-Report für die Sozialwirtschaft 2011. Katholische Universität Eichstätt-Ingolstadt 2011, S.40 f.

5. IT-Service-Management

Die rasante informationstechnologische Entwicklung der letzten Jahrzehnte hat dazu beigetragen, dass in Unternehmen der Sozialwirtschaft häufig unterschiedlichste IT-Unterstützungen für die einzelnen Geschäftsprozesse vorzufinden sind. Diese sind zudem oftmals durch einen geringen Standardisierungsgrad und fehlende Schnittstellen zu weiteren internen oder externen IT-Lösungen charakterisiert. Dieser „Flickenteppich" an individuellen IT-Dienstleistungen und die historisch gewachsenen Formen der IT-Organisation können bei schnellen Veränderungen eines Unternehmens in Größe und Struktur oft nicht mithalten. Daher bedürfen moderne Unternehmen der Sozialwirtschaft einer Strukturierung ihrer IT-Bereiche und IT-Dienstleistungen, welche den Aspekten der Standardisierung, Qualitätssicherung und Kundenorientierung Genüge leistet.

Das IT-Service-Management (ITSM) hilft einem Unternehmen, IT-Prozesse zu standardisieren und die IT-organisatorischen Strukturen wechselnden Geschäftsanforderungen anzupassen oder entsprechend weiterzuentwickeln.[76] Es hat die Aufgabe, „im IT-Bereich eine Dienstleistungskultur zu etablieren, die das soziale Unternehmen als Kunden begreift und es bei der Wahrnehmung seiner Aufgaben wirksam unterstützt."[77] Mit der Implementierung eines IT-Service-Managements wird die IT-Abteilung zum Dienstleister, die sozialen Facharbeitsbereiche und das Management werden zu Kunden. Als methodischer Ansatz ermöglicht ITSM die Planung, Entwicklung und Lieferung von IT-Dienstleistungen. Diese Dienstleistungen (Services) können in Prozessen beschrieben werden, deren Qualität und Kosten messbar sind.[78]

5.1. ITIL-Modell

Das Referenzmodell der Information Technology Infrastructure Library (ITIL) stellt eine herstellerunabhängige Sammlung sogenannter „Best

---

[76] Vgl. Serview GmbH (Hrsg.): ITSM Advanced Pocket Book, Bd.1: Fokus ITIL, überarbeitete 3. Auflage, Bad Homburg 2007, S. 6.
[77] Kreidenweis, Helmut: IT-Handbuch für die Sozialwirtschaft. Baden-Baden: Nomos Verlagsgesellschaft 2011, S. 229.
[78] Vgl. Serview GmbH (Hrsg.): ITSM Advanced Pocket Book, Bd.1: Fokus ITIL, überarbeitete 3. Auflage, Bad Homburg 2007, S. 6.

Practices" dar, mit denen Unternehmen ihre IT-Dienstleistungen als Prozesse abbilden, um sie effektiver gestalten zu können. ITIL hat sich gegenüber anderen Ansätzen zum IT-Service-Management international als Quasi-Standard durchgesetzt. Es ist wichtig festzuhalten, dass ITIL kein festes Regelwerk darstellt. Es beinhaltet lediglich sehr allgemeine Empfehlungen, wie man IT-Services so gestalten kann, dass die Kunden der IT-Abteilung in den Genuss einer gleichbleibenden Dienstleistungsqualität kommen. ITIL hat den Vorteil, dass es ein branchenunabhängiges Referenzmodell ist, stetig weiterentwickelt wird und in seiner englischen Originalversion lizenzfrei eingesetzt werden kann.[79]

ITIL wurde im Jahr 2007 bereits in der dritten Version (ITIL V3) veröffentlicht, welche den Fokus auf den sogenannten Lebenszyklus von IT-Services richtet.[80] Die fünf Bücher, die den Kernbereich von ITIL V3 bilden, spiegeln diesen Zyklus wider:

- Service Strategies (Strategien für die Entwicklung der IT-Services)
- Service Design (Modelle für IT-Services)
- Service Transition (Überführung der IT-Services in den Betrieb)
- Service Operation (Betrieb der IT-Services)
- Service Improvement (Verbesserung der IT-Services).[81]

ITIL V3 beschreibt insgesamt 26 Prozesse, 4 Funktionen sowie 40 Rollen (Verantwortlichkeiten nach Aufgaben).

5.2. Ausgewählte Elemente eines IT-Service-Managements

Die Einführung eines IT-Service-Managements stellt letzten Endes nichts Anderes als die Implementierung eines Qualitätsmanagements im IT-

---

[79] Vgl. Serview GmbH (Hrsg.): ITSM Advanced Pocket Book, Bd.1: Fokus ITIL, überarbeitete 3. Auflage, Bad Homburg 2007, S. 9 sowie Kreidenweis, Helmut: IT-Management in sozialen Organisationen. Online im Internet: http://www.sozialbank.de/fachbeitraege/ (Abruf: 20.09.2011).
[80] Im Juli 2011 wurde ITIL V3 nochmals überarbeitet, wobei hauptsächlich Fehler und Inkonsistenzen bereinigt wurden. In dieser aktualisierten Form spricht man von „ITIL 2011". Vgl. Kempter, Andrea, Kempter, Stefan und Lea-Cox, Trevor: Geschichte von ITIL. Online im Internet: http://wiki.de.it-processmaps.com/index.php/Geschichte_von _ITIL (Abruf: 14.08.2011).
[81] Vgl. Kreidenweis, Helmut: IT-Handbuch für die Sozialwirtschaft. Baden Baden: Nomos Verlagsgesellschaft 2011, S. 230.

Bereich dar.[82] Dabei werden Prozessabläufe und -abhängigkeiten sowie die zugehörigen Aufgaben und Verantwortlichkeiten (Rollen) sorgfältig dokumentiert und verbindlich definiert. Einer Person können zugleich mehrere ITIL-Rollen zugeordnet werden, wenn organisatorisch gewährleistet werden kann, dass diese Rollen auch wahrgenommen werden können.

Im Folgenden sollen einige zentrale ITIL-Prozesse und Funktionen beschrieben werden, die für sozialwirtschaftliche Unternehmen unterschiedlicher Größe im Rahmen der Einführung eines IT-Service-Managements umsetzbar wären. Die Prozessauswahl umfasst im Einzelnen:

- Incident Management (einschließlich der Funktion Service Desk)
- Problem Management
- Change Management
- Release Management
- Configuration Management
- Service Level Management.

5.2.1. Service Desk

Die zentrale Organisationseinheit, um welche die Prozesse des IT-Service-Betriebes angeordnet sind, bildet der sogenannte Service Desk.[83] Der Service Desk ist nach ITIL selbst kein Prozess, sondern eine Funktion, welche zum Prozess des Incident Managements gehört, aber auch alle anderen Prozesse des Service Managements unterstützt. Als Schnittstelle zwischen der IT-Abteilung und den IT-Anwendern repräsentiert er die gesamte IT-Organisation gegenüber dem oder den Kunden.

Die Mitarbeiter des Service Desks nehmen die Anfragen der Kunden entgegen. Nach einer Kategorisierung – es kann sich um Informationsanfragen, Serviceanfragen, Störungsmeldungen oder Beschwerden handeln – wird der Service Desk im Anschluss die Anfragen entweder direkt bearbei-

---

[82] Vgl. Kreidenweis, Helmut: IT-Handbuch für die Sozialwirtschaft. Baden Baden: Nomos Verlagsgesellschaft 2011, S. 242.
[83] Für diese Organisationseinheit wird synonym auch häufig die Bezeichnung Help Desk verwendet.

ten oder zur Bearbeitung an Spezialisten weiterleiten. Ist eine Anfrage erledigt, informiert der Service Desk den Anfragenden entsprechend.

Der Service Desk stellt somit den zentralen Kontakt- und Kommunikationspunkt zwischen IT-Anwendern und IT-Organisation dar. Als resultierender Nutzen aus der Etablierung eines Service Desks wird in der Regel eine schnellere und effizientere Bearbeitung der Anfragen angesehen. Entscheidend für den Erfolg des Modells ist dabei die Akzeptanz der zentralen Schnittstelle durch den Kunden, welcher alle Anfragen an die IT-Organisation über den Service Desk einleitet. Als ebenso wichtig gilt aber auch eine ausgeprägte Serviceorientierung auf Seiten der Mitarbeiter des Service Desks. Deren erfolgreiche Tätigkeit wird zudem durch den Einsatz geeigneter IT-Anwendungssysteme erheblich beeinflusst.[84]

5.2.2. Incident Management

Zumeist stellt das Incident Management den ersten Prozess dar, welcher bei der Einführung eines IT-Service-Managements umgesetzt wird.

Als Incidents im weiteren Sinne werden Anfragen, Aufträge und Störungen bezeichnet; im engeren Sinne werden sie zumeist mit Störungen gleichgesetzt. Um Incidents aufzunehmen, zu kategorisieren, zu priorisieren, einer Bearbeitung zuzuführen und diese zu dokumentieren, bedarf es eines sogenannten Incident Managements. Allgemeines Ziel bei dessen Einführung ist die „Erhöhung der Kundenzufriedenheit durch schnellstmögliche Wiederherstellung des vereinbarten Services."[85] Die Kernfunktion in diesem Prozess kommt dem bereits weiter oben beschriebenen Service Desk zu.

Grundlagen für den Erfolg eines Incident Managements bilden klar definierte Kompetenzen, standardisierte Kommunikationsabläufe, realistische Vereinbarungen über die Qualität und Verfügbarkeit der IT-Dienstleistungen sowie eine stets aktuelle Informationsbasis für die Mit-

---

[84] Vgl. Serview GmbH (Hrsg.): ITSM Advanced Pocket Book, Bd.1: Fokus ITIL, überarbeitete 3. Auflage, Bad Homburg 2007, S. 29-32.
[85] Vgl. Ramm, Christian: ITIL: Einführung des Incident Managements. Online im Internet: http://www.ordix.de/ORDIXNews/1_2007/Projektmanagement/ITIL_Incident_management.html (Abruf: 14.09.2011).

arbeiter des Service Desks und die anfrageberechtigten Kundenvertreter.[86]

5.2.3. Problem Management

Der Prozess des sogenannten Problem Managements wird implementiert, um den IT-Service-Betrieb längerfristig zu stabilisieren, Ursachen von Störungen zu beheben und zukünftige Störungen zu vermeiden. Hauptaufgaben des Problem Managements sind die Analyse der Incidents bezüglich ihrer (noch unbekannten) Ursachen sowie die Erstellung von Trendanalysen, um zukünftige Störungen zu vermeiden. Dieser Prozess vereint also reaktive und proaktive Tätigkeiten.[87]

In der Abfolge aus Ursachenidentifizierung und Lösungsfindung schließt das Problem Management an das Incident Management an und führt hin zum Change Management. Die Lösungen werden in Form von Änderungsanforderungen (RfC – Request for Change) an den nachfolgenden ITIL-Prozess übergeben.

In der Praxis hat es sich als sinnvoll erwiesen, Mitarbeiter der IT-Organisation gleichzeitig dem Incident und dem Problem Management zuzuordnen.[88]

5.2.4. Change Management

Das Change Management prüft die vom Problem Management übergebenen Änderungsanforderungen (RfC) und autorisiert diese im Anschluss als Änderungen (Changes). Je nach Bedeutung und Umfang der zu genehmigenden Änderungen kann das Change Management andere Bereiche, wie etwa Release Management, Service Level Management oder die Finanzabteilung, zur Entscheidungsfindung hinzuziehen. Die Planung und die Koordinierung der Umsetzung autorisierter Änderungen obliegt dem

---

[86] Vgl. Serview GmbH (Hrsg.): ITSM Advanced Pocket Book, Bd.1: Fokus ITIL, überarbeitete 3. Auflage, Bad Homburg 2007, S. 36.
[87] Vgl. Serview GmbH (Hrsg.): ITSM Advanced Pocket Book, Bd.1: Fokus ITIL, überarbeitete 3. Auflage, Bad Homburg 2007, S. 37.
[88] Vgl. ebd., S. 40.

Change Management, während Test und eigentliche Implementierung durch das Release Management wahrgenommen werden.[89]

5.2.5. Release Management

Die Einführung eines Release Managements soll eine ganzheitliche Sichtweise auf alle IT-Services im Unternehmen und deren gegenseitige Abhängigkeiten gewährleisten. Das Release Management als Prozess hat also – vereinfacht ausgedrückt – die Aufgabe, den in manchen Organisationen vorherrschenden „Wildwuchs" an IT-Systemen (Hard- und Software) in den Griff zu bekommen. Es ist dafür zuständig, die eingesetzte Software, sei es selbst entwickelte oder gekaufte, zu inventarisieren und für den produktiven Einsatz zu autorisieren. Darüber hinaus implementiert das Release Management auch Änderungen, koordiniert durch das Change Management. Zudem sorgt es dafür, dass die eingesetzten Softwareversionen an allen Unternehmensstandorten identisch sind. Damit soll ausgeschlossen werden, dass andere als zentral autorisierte und verwaltete Software auf Computern der Organisation eingesetzt wird. Copyrights- oder Datenschutzverstößen, die mit empfindlichen Strafen geahndet werden, kann so vorgebeugt werden. Ein zentrales Management der unternehmensweit eingesetzten Software und Hardware gestaltet zudem Incident und Problem Management effektiver.[90]

5.2.6. Configuration Management

Das Configuration Management erstellt ein logisches Abbild aller zur Verfügung stehenden IT-Mittel in einem Unternehmen. Der Prozess geht aber in der Dokumentation über die klassische Inventarisierung weit hinaus. Er zielt darauf ab, einen zentralen Überblick über die IT-Infrastruktur und deren Dienstleistungen zu erlangen. Das Configuration Management ist daher eng mit anderen IT-Service-Prozessen verzahnt. So benötigt es beispielsweise Informationen über alle Änderungen der IT-Infrastruktur, welche es vom Change Management erhält. Die Dokumentation erfolgt idealerweise datenbankgestützt; eine sogenannte Configuration Manage-

---

[89] Vgl. ebd., S. 41-46.
[90] Vgl. Serview GmbH (Hrsg.): ITSM Advanced Pocket Book, Bd.1: Fokus ITIL, überarbeitete 3. Auflage, Bad Homburg 2007, S. 53-56.

ment Database (CMDB) liefert jederzeit Informationen über die gesamte IT-Infrastruktur und alle IT-Services. Eine entsprechend gepflegte CMDB kann dem IT-Management und der Geschäftsleitung wichtige Kennzahlen zur Verfügung zu stellen. Diese lassen sich beispielsweise bei der Investitionsplanung für neue Hard- und Software nutzen, um Rückschlüsse auf die benötigten finanziellen Mittel oder die Anzahl der betroffenen Arbeitsplätze zu ziehen.[91]

5.2.7. Service Level Management

Das Service Level Management gehört im ITIL-Modell – im Gegensatz zu den bisher vorgestellten Prozessen aus dem Bereich Service-Betrieb – zum Service Design. Als Prozess ist es ebenfalls auf die optimale Unterstützung der Geschäftsprozesse des Kunden durch die IT-Organisation ausgerichtet. Mit Vereinbarungen zur Erbringung von IT-Dienstleistungen sorgt das Service Level Management für ein Gleichgewicht zwischen den Ansprüchen des Kunden und den Ressourcen der IT-Organisation. Dabei macht es die Kosten der IT-Dienstleistungen transparent.

Zunächst müssen die angebotenen IT-Dienstleistungen in einem Service-Katalog beschrieben werden, der im weiteren Abstimmungsprozess zwischen Kunden und IT-Organisation als Verhandlungsgrundlage für die zu treffenden Vereinbarungen bezüglich Quantität und Qualität der IT-Services dient. Diese Vereinbarungen sind die sogenannten Service Level Agreements (SLAs). Sie können pro IT-Service oder pro Kunde (über alle für diesen angebotenen IT-Services) abgeschlossen werden. Ein SLA enthält neben der genauen Beschreibung von Art und Umfang der IT-Dienstleistung(en) Angaben zu vereinbarten Qualitätsstandards, Prüfaktionen, Mitwirkungspflichten des Kunden sowie Eskalationspläne und Sanktionen. Die Verträge sind nicht starr, sondern werden in der Zusammenarbeit durch beide Partner kontinuierlich evaluiert und gegebenenfalls angepasst. Dabei kann einerseits der zugrundeliegende Service-Katalog verändert werden oder aber die vereinbarten Service Level.

---

[91] Vgl. Serview GmbH (Hrsg.): ITSM Advanced Pocket Book, Bd.1: Fokus ITIL, überarbeitete 3. Auflage, Bad Homburg 2007, S. 47-52.

Service Level Agreements stellen nützliche Instrumente für die interne Leistungsverrechnung und das Controlling dar. Durch die Einführung eines Service Level Managements werden zudem die angebotenen bzw. genutzten IT-Services vergleichbar. Dem Unternehmen bietet sich so die Möglichkeit, die IT-Dienstleistungen der internen IT-Organisation mit denen externer IT-Dienstleister zu vergleichen. Dadurch lassen sich auch Outsourcing-Projekte, wie etwa eine beabsichtigte Nutzung von SaaS-Diensten in der Cloud, schneller umsetzen.[92]

5.3. IT-Service-Management mit ITIL neu gestalten

Unabhängig von Größe und Kerngeschäft eines Unternehmens gestaltet sich die Einführung eines IT-Service-Managements nach dem ITIL-Referenzmodell fast immer gleich. Daher kann auf einen standardisierten Projektablauf zurückgegriffen werden, welcher auch in der Sozialwirtschaft anwendbar ist. Dieser setzt sich aus 10 Schritten zusammen, die im Weiteren kurz vorgestellt werden sollen. Sie können als Handlungsleitfaden bei der Einführung eines IT-Service-Managements in sozialwirtschaftlichen Unternehmen verstanden werden.[93]

Schritt 1: Vorbereitung des ITIL-Projektes

In einem ersten Schritt müssen sich die zentralen Akteure innerhalb der IT-Abteilung, z.B. durch Schulungen, mit den grundlegenden ITIL-Prinzipien vertraut machen. Zusätzlich ist zu Beginn auch das ITIL-Prozess-Management zu etablieren, welches die neuen Prozesse kontinuierlich prüfen und verbessern soll. In den meisten Unternehmen der Sozialwirtschaft existieren bereits spezifische Qualitätsmanagement Verantwortliche, diese könnten gegebenenfalls zusätzlich mit den Aufgaben des ITIL-Prozess-Managements betraut werden.

---

[92] Vgl. Serview GmbH (Hrsg.): ITSM Advanced Pocket Book, Bd.1: Fokus ITIL, überarbeitete 3. Auflage, Bad Homburg 2007, S. 57-62 sowie Kreidenweis, Helmut: IT-Handbuch für die Sozialwirtschaft. Baden Baden: Nomos Verlagsgesellschaft 2011, S. 239 f.
[93] Meine Darstellung der 10 Schritte zur Einführung von ITIL folgt im Wesentlichen: Kempter, Andrea, Kempter, Stefan und Lea-Cox, Trevor: ITIL-Implementierung. Online im Internet: http://wiki.de.it-processmaps.com/index.php/ITIL-Implementierung (Abruf: 13.09.2011).

Schritt 2: Definition der IT-Service-Struktur aus Kundensicht

Um die Struktur der zukünftigen IT-Services zu entwerfen, müssen zunächst die sogenannten Business Services und die Infrastructure Services sowie deren Wechselwirkungen unter Beteiligung des Kunden erhoben werden. Unter Business Services versteht man alle direkt für den Kunden erbrachten (also aus der Sicht der IT-Organisation externen) IT-Dienstleistungen. Infrastructure Services bestehen in (internen) Zulieferungen innerhalb der IT-Organisation, welche für den Kunden nur indirekten Wert haben, jedoch für die Erbringung externer Business Services unabdingbare Voraussetzung sind. Einen Business Service stellt beispielsweise die Bereitstellung eines Arbeitsplatzrechners dar. Aus der Perspektive der IT-Organisation gehört zu diesem Business Service ein Bündel von Infrastructure Services, etwa die Einzelleistungen der Installation von Betriebssystem, Basissoftware sowie ggf. Spezialsoftware, Hardwarenachrüstungen oder auch Reparaturinstallationen.

Schritt 3: Auswahl und Besetzung der ITIL-Rollen

Um die Verantwortlichkeiten für die im Rahmen von ITSM neu gestalteten IT-Serviceprozesse festzulegen, bedient man sich sogenannter Rollen. Das ITIL-Referenzmodell kennt eine Vielzahl von Rollen, die sowohl Verantwortlichkeiten für komplette Prozesse (Prozessverantwortliche) als auch Zuständigkeiten für Einzelaktivitäten innerhalb von Prozessen umfassen.[94] Die Gesamtheit der ITIL-Rollen umzusetzen, würde für viele Unternehmen der Sozialwirtschaft den personellen Rahmen sprengen. Daher ist es wichtig, ausgehend von einer Bestimmung der tatsächlich im jeweiligen Unternehmen benötigten IT-Serviceprozesse, wesentliche Rollen auszuwählen und diesen Personen zuzuordnen. Eine Mehrfachzuordnung von Personen zu Rollen kann dabei durchaus sinnvoll sein.

Schritt 4: Analyse der Ist-Prozesse

In diesem Projektabschnitt geht es darum, dass sich ein Unternehmen der existierenden Prozesse bewusst wird, nach denen seine IT-Organisation

---

[94] In ITIL V3 finden sich 40 Rollen. Vgl. Kempter, Andrea, Kempter, Stefan, Lea-Cox, Trevor: Rollen in ITIL V3. Online im Internet: http://wiki.de.it-processmaps.com/index.php/Rollen_in_ITIL_V3 (Abruf: 23.10.2011).

oder externe IT-Dienstleister arbeiten, und diese bezüglich ihrer Schwächen analysiert. Daraus kann der Verbesserungsbedarf existierender sowie die Notwendigkeit zusätzlicher Prozesse abgeleitet werden. Die Identifizierung der Prozesse erfolgt mit Hilfe von Interviews unter Zuhilfenahme eines „ITIL Self Assessment"-Kataloges.[95]

Schritt 5: Entwicklung der Soll-Prozessstruktur

Im Anschluss an die Analyse der Ist-Prozesse werden die notwendigen Soll-Prozesse für das Unternehmen ausgewählt und deren Teilprozesse festgelegt. Als Ergebnis wird die Gliederungsstruktur der neu einzuführenden ITIL-Prozesse definiert.

Schritt 6: Definition der Prozessschnittstellen

Für die optimale Gestaltung der Arbeitsabläufe ist die Schnittstellendefinition der ITIL-Prozesse von entscheidender Bedeutung. Schnittstellen legen fest, welchen Input jeder Prozess von vorangehenden Prozessen erhält und welchen Output er wiederum an nachfolgende Prozesse übergeben muss. Die genaue Schnittstellenbeschreibung ist nicht nur für die Einführung eines unternehmensinternen IT-Service-Managements bedeutsam, sondern ist auch für die Auslagerung von IT-Dienstleistungen (Stichwort IT-Outsourcing) unerlässliche Voraussetzung. Bei der Beschreibung ist die Verwendung gleicher Begrifflichkeiten, am besten anhand eines zentralen ITIL-Glossars, zu empfehlen.[96]

Schritt 7: Einrichtung des Prozess-Controllings

Um sicherzustellen, dass die einzuführenden Prozesse auch die an sie gestellten Erwartungen in Hinblick auf Qualität und Effizienz erfüllen, ist ein Prozess-Controlling einzurichten. Objektive Kriterien in Form von Kennzahlen, die Festlegung der Messmethoden und des Berichtswesens helfen später den Prozessverantwortlichen, zu beurteilen, wie gut die Prozesse umgesetzt wurden.

---

[95] Eine kostenfreie (englischsprachige) Version des Bewertungskataloges findet sich bei itSMF (Hrsg.): ITIL Service Management Self Assessment. Online im Internet: http://www.itsmf.com/trans/sa.asp (Abruf: 23.10.2011).
[96] Vgl. Kempter, Andrea, Kempter, Stefan, Lea-Cox, Trevor: ITIL-Glossar. Online im Internet: http://wiki.de.it-processmaps.com/index.php/ITIL-Glossar (Abruf: 23.10.2011).

Schritt 8: Detailbestimmung der ITIL-Prozesse

Im nächsten Projektabschnitt haben die Prozessverantwortlichen die Aufgabe, die zuvor festgelegten Soll-Prozesse im Detail in Form sogenannter Prozessketten zu dokumentieren. Hierfür können Checklisten genutzt werden, die ITIL bereitstellt. Die ausführenden Mitarbeiter sollten dabei unbedingt an der Detailbeschreibung der Prozesse mitwirken.

Schritt 9: Auswahl und Einführung der Anwendungssysteme

Anhand der Beschreibung der Soll-Prozesse muss in einem nächsten Schritt bestimmt werden, welche Anwendungssysteme zur Unterstützung der ITIL-Prozesse bereits existieren, ob und wie diese gegebenenfalls angepasst werden können oder ob sie gänzlich neu angeschafft werden müssen. Dabei ist die Auswahl der Anwendungssysteme ausgehend von vorab erarbeiteten, konkreten Anforderungskatalogen vorzunehmen. Die Implementierung der neuen oder geänderten IT-Anwendungssysteme schließt diesen Projektschritt ab.

Schritt 10: Prozess-Implementierung und Schulung

Um die neuen Prozesse des IT-Service-Managements im Unternehmen erfolgreich einzuführen und in die alltägliche Arbeitsroutine zu integrieren, sollten alle mit den Prozessen befassten Mitarbeiter entsprechend ihrer Aufgaben geschult werden. Zugleich müssen den Kunden die neuen servicebezogenen Informationen zur Verfügung gestellt werden. Es ist wichtig, dass alle beteiligten Parteien kontinuierlich und aktiv ihre Erfahrungen in die weitere Gestaltung der Prozesse einbringen, da nur so deren Akzeptanz im Unternehmen zu gewährleisten ist.

5.4. Toolunterstützung

Die weiter oben erfolgte Beschreibung ausgewählter IT-Service-Management-Prozesse hat gezeigt, von welch grundlegender Bedeutung Information, Dokumentation und die Gestaltung des Informationsflusses über Prozessketten hinweg sind. Letztlich zielt das IT-Service-Management darauf ab, Informationen zu verwalten, um die Qualität der IT-Dienstleistungen zu gewährleisten oder weiterzuentwickeln. Zur effizienten Verwaltung der anfallenden Datenmengen und zur Unterstützung der in den Prozessen enthaltenen Aufgaben werden geeignete Anwendungssysteme (Tools) benötigt.[97]

Die Auswahl der Tools sollte von einer Bestimmung der jeweils konkreten Anforderungen ausgehen, neben dem IT-Dienstleister auch den Kunden einbeziehen und die bereits im Unternehmen vorhandenen prozessunterstützenden Tools in Hinblick auf deren mögliche Integration berücksichtigen. Geeignete Tools werden entscheidend die Akzeptanz und den Erfolg des IT-Service-Managements im Unternehmen beeinflussen und sind daher mit großer Sorgfalt auszuwählen.

Auf dem Markt existiert eine Vielzahl von ITIL-kompatiblen Toolsets. Neben hochpreisigen Softwarepaketen existieren auch frei nutzbare ITIL-Tools.[98] Bei der Entscheidung für ein kostenloses Tool sollte man unbedingt berücksichtigen, dass diese nicht minder komplex als die kostenpflichtigen sind. Zudem ist IT-Sachverstand im eigenen Unternehmen notwendig, um sie gegebenenfalls anzupassen oder mit anderen bereits eingesetzten Anwendungssystemen zu verknüpfen.

5.5. ITIL-Implementierung in der Sozialwirtschaft

Ursprünglich wurde ITIL für den Einsatz in großen Organisationen und Unternehmen entwickelt. In der aktuellen Version umfasst das Modell die durchaus komplexe Beschreibung zahlreicher prototypischer IT-Serviceprozesse, Funktionen und Rollen. Diese mit optimalem Nutzen in ihrer Gesamtheit umzusetzen, ist jedoch nur in sehr großen IT-Organisationen möglich.

Dennoch zeigt die qualitätsgesicherte Beschreibung standardisierter Prozesse in ITIL, wo Optimierungsmöglichkeiten in historisch gewachsenen IT-Organisationen zu finden sind. Dieser Aspekt ist für Unternehmen jeder Größe bedeutsam. Gerade die Sozialwirtschaft hat in Zeiten knapper

---

[97] Vgl. Serview GmbH (Hrsg.): ITSM Advanced Pocket Book, Bd.1: Fokus ITIL, überarbeitete 3. Auflage, Bad Homburg 2007, S. 83-87.
[98] Eine Übersicht kostenloser Tools, geordnet nach der Unterstützung für die jeweiligen ITIL-Prozesse und -Funktionen, findet sich im Web unter: http://www.itframeworks.org /wiki/ITIL_tools_(free_software) (Abruf: 15.09.2011).

Kassen Bedarf an optimal gestalteten Strukturen, um die zur Verfügung stehenden Ressourcen effizient einzusetzen.

In der Sozialwirtschaft setzt sich die Einführung eines IT-Service-Managements mittels ITIL vergleichsweise langsam durch, wobei erwartungsgemäß große Unternehmen und Organisationen eine Vorreiterrolle übernehmen.[99]

Die Herausforderung für die ITIL-Implementierung in der Sozialwirtschaft besteht darin, das komplexe Modell auf kleinere Organisationen herunterzubrechen. ITIL stellt, wie bereits weiter oben erwähnt, eine Sammlung von „Best Practices" dar, derer man sich bedienen kann, um die bereits im Unternehmen realisierten IT-Services zu optimieren. Das Referenzmodell bietet zudem die Möglichkeit, zunächst nur einige ausgewählte IT-Serviceprozesse zu gestalten. Die Entscheidung, welche IT-Prozesse in welchem Umfang und welcher Reihenfolge neu gestaltet werden sollen, obliegt also dem einzelnen Unternehmen. Bei Kreidenweis findet sich eine allgemeine Orientierung, für welche Unternehmensgröße im sozialwirtschaftlichen Bereich welche Teile des ITIL-Modells sinnvoll zu nutzen sind:[100]

Unternehmens-klassifikation	Zahl der IT-Anwender und IT-Mitarbeiter	Sinnvolle Nutzungsformen von ITIL
Kleine Sozialunternehmen	Unter 500 Anwender	Ausgewählte operative ITIL-Prozesse
	< 5 IT-Mitarbeiter	
Mittlere Sozialunternehmen	500 - 1.500 Anwender	Ausgewählte operative und taktische ITIL-Prozesse
	5 – 10 IT-Mitarbeiter	
Große Sozialunternehmen	> 1.500 Anwender	ITIL-Gesamtkonzept oder große Teile daraus
	> 10 IT-Mitarbeiter	

Abb. 2: Mögliche Nutzungsformen von ITIL in der Sozialwirtschaft

---

[99] Vgl. Kreidenweis, Helmut: IT-Management in sozialen Organisationen. Online im Internet: http://www.sozialbank.de/fachbeitraege/ (Abruf: 20.09.2011).
[100] Die folgende Abbildung wurde übernommen aus: Kreidenweis, Helmut: IT-Handbuch für die Sozialwirtschaft. Baden Baden: Nomos Verlagsgesellschaft 2011, S. 231.

Bei der etappenweisen Umsetzung ausgewählter ITIL-Prozesse könnte etwa mit dem Configuration Management begonnen werden, damit in einer Anfangsstufe eine Art Zentralregister aller IT-Mittel erstellt wird. Davon ausgehend ließe sich Veränderungsbedarf ermitteln. Zugleich würde das Configuration Management die Implementierung eines Incident und Problem Managements nebst Service Desk vorbereiten.[101]

Auch sehr kleine Organisationen der Sozialwirtschaft können erste Aufgaben eines Incident und Problem Managements realisieren, indem sie beispielsweise im Intranet Ansprechpartner (Zuständigkeit, Name, Mailadresse, Telefonnummer, Sprechzeiten) für die eingesetzten Anwendungen veröffentlichen. Diese „Power User" könnten zudem als Unterstützung für die IT-Anwender Wissenssammlungen zu Standardproblemen (in Form von Wikis, FAQ etc.) publizieren. Das Modell, über die Etablierung von „Power Usern" oder Multiplikatoren für bestimmte Anwendungen zunächst eine Art funktionellen Service Desk – als Vorstufe eines organisatorischen Service Desks – aufzubauen, wäre für kleine Sozialunternehmen ein geeigneter Einstieg in die Umsetzung von Incident und Problem Management.[102]

Klar ist, dass sich die ITIL-Implementierung in der Sozialwirtschaft immer im Spannungsfeld zwischen knappen Ressourcen (hier vor allem Personal und Zeit) und dem Ziel steigender Effizienz durch standardisierte und qualitätsgesicherte IT-Dienstleistungen bewegen wird. Daher sollen an dieser Stelle stichpunktartig einige wesentliche Aspekte aufgeführt werden, die nach Meinung des Verfassers für die erfolgreiche Einführung eines IT-Service-Managements in Unternehmen der Sozialwirtschaft besonders zu beachten sind:

- Partizipation aller an der Vorbereitung und Implementierung eines ITSM
- Aktive Rolle der internen IT-Organisation bei Planung und Implementierung eines ITSM

---

[101] Vgl. Kreidenweis, Helmut: IT-Handbuch für die Sozialwirtschaft. Baden Baden: Nomos Verlagsgesellschaft 2011, S. 242.
[102] Vgl. ebd., S. 234 f.

- Aufbau des ITSM unter Anknüpfung an Vorhandenes, dessen Optimierung und Ergänzung
- Bei Einführung ausgewählter ITIL-Prozesse diese nicht isolieren, sondern bereits unter strategischem Blickwinkel alle weiteren ITIL-Prozesse vorbereiten.

6. IT-Sicherheit

6.1. Geheimhaltung, Datenschutz und IT-Sicherheit

Am Beginn der Beschäftigung mit der Relevanz des Themas IT-Sicherheit für sozialwirtschaftliche Unternehmen soll eine kurze Klärung grundlegender Begrifflichkeiten stehen, da deren Grenzen aufgrund ihrer gegenseitigen Verknüpfung in der Praxis oft verwischen.

In Deutschland existieren mehrere besondere Amtsgeheimnisse, welche gleichrangig nebeneinanderstehen. Hierzu zählen die Schweigepflicht für Ärzte und weitere spezifische Berufsgruppen, das Steuergeheimnis, das Statistikgeheimnis sowie das Sozialgeheimnis.[103] Alle Amtsgeheimnisse sind mit Schweigepflichten verbunden, welche die Weitergabe von Daten an Fremde verhindern sollen.

In Abgrenzung zur Schweigepflicht geht es beim Datenschutz darum, ob personenbezogene Daten berechtigt erhoben und gespeichert sowie vor Missbrauch geschützt werden. Wichtigste Kriterien für den Schutz personenbezogener Daten stellen Datenvermeidung, Zweckbindung und Erforderlichkeit der gesammelten Daten sowie ein generelles Erhebungsverbot mit Erlaubnisvorbehalt dar.[104]

Unter IT-Sicherheit, Synonym für Datensicherheit, versteht man alle technischen und organisatorischen Maßnahmen zur Gewährleistung des Datenschutzes, aber darüber hinaus auch zur Sicherstellung der Unversehrtheit sonstiger (nicht personenbezogener) Daten und IT-Verfahren.[105]

Für Amtsgeheimnisse, Datenschutz und IT-Sicherheit existieren zahlreiche, über verschiedene Gesetzeswerke verstreute rechtliche Grundlagen, deren Geltungsbereich stets für ein konkretes Unternehmen und dessen Tätigkeiten geprüft und spezifiziert werden muss.

---

[103] Vgl. Der Bundesbeauftragte für den Datenschutz und die Informationsfreiheit (Hrsg.): Sozialgeheimnis. Online im Internet: http://www.bfdi.de/ (Abruf: 16.09.2011).
[104] Vgl. Kreidenweis, Helmut: IT-Handbuch für die Sozialwirtschaft. Baden Baden: Nomos Verlagsgesellschaft 2011, S. 251-254.
[105] Vgl. Kreidenweis, Helmut: Datenschutz. In: Maelicke, Bernd (Hrsg.): Lexikon der Sozialwirtschaft. Baden-Baden: Nomos Verlagsgesellschaft 2008, S. 214.

Der Sozialdatenschutz wird durch die Sozialgesetzgebung geregelt; er findet seine Anwendung bei den öffentlichen Trägern der Sozialwirtschaft. Die freien Träger, welche keine Leistungsträger gemäß § 12 SGB I darstellen, sind dagegen zunächst nicht an die Vorgaben der Sozialgesetzbücher gebunden. Dies ändert sich allerdings, sobald ein freier Träger Aufgaben für einen öffentlichen Träger erfüllt.[106] Dann haben auch die freien Träger bei ihrer täglichen Arbeit neben Bundesdatenschutzgesetz (BDSG) und Landesdatenschutzgesetz (LDSG), Strafgesetzbuch (StGB, § 203) und gegebenenfalls kirchlicher Datenschutzgesetzgebung (Datenschutzgesetz der Evangelischen Kirche in Deutschland [DSG-EKD] bzw. Anordnung über den kirchlichen Datenschutz mit Durchführungsverordnung [KDO-DVO]) auch den Sozialdatenschutz (SGB I § 35 und SGB X § 67 – 85 a) zu berücksichtigen.[107]

Die Verpflichtung zur Gewährleistung einer hinreichenden IT-Sicherheit in Unternehmen der Sozialwirtschaft basiert ebenfalls auf unterschiedlichen gesetzlichen Regelungen. Hierzu zählen unter anderem das Gesetz zur Kontrolle und Transparenz im Unternehmensbereich (KonTraG) für Aktiengesellschaften und GmbHs mit der Forderung nach einem unternehmerischen Risikomanagement, die verschiedenen Maßgaben des Datenschutzrechtes, das Strafgesetzbuch in Hinblick auf die Schweigepflichten spezifischer Berufsgruppen sowie besondere vertragliche Vereinbarungen.[108]

Fachkräfte in der Sozialwirtschaft erhalten in ihrer täglichen Arbeit tiefe Einblicke in die Lebenssituationen ihrer Klienten. Für die soziale Arbeit ist es besonders wichtig, dieses Vertrauensverhältnis nicht zu zerstören, indem leichtfertig mit personenbezogenen Daten umgegangen wird. Alles, was den Mitarbeitern während ihrer Arbeitszeit anvertraut wird, muss

---

[106] Vgl. Radewagen, Christof: Endlich: Entwicklungsberichte ade. Januar 2007, Online im Internet: http://www.vse-datenschutz.de/aufsaetze/Endlich_Entwicklungsberichte_ade. pdf (Abruf: 16.09.2011), S. 2.
[107] Vgl. Kreidenweis, Helmut: IT-Handbuch für die Sozialwirtschaft. Baden Baden: Nomos Verlagsgesellschaft 2011, S. 247-248.
[108] Vgl. Bundesamt für Sicherheit in der Informationstechnik (Hrsg.): Leitfaden Informationssicherheit. IT-Grundschutz kompakt. Online im Internet: https://www.bsi.bund.de/ SharedDocs/Downloads/DE/BSI/Grundschutz/Leitfaden/GS-Leitfaden_pdf.pdf?__blob =publicationFile (Abruf: 19.09.2011), S. 13-15.

entsprechend geschützt werden und darf nicht zur Einsicht Unberechtigter gelangen. Datenschutz und IT-Sicherheit sollten in der Sozialwirtschaft daher nicht als bürokratisches Übel angesehen werden, sondern vielmehr als ausgesprochenes Qualitätsmerkmal sozialwirtschaftlicher Unternehmen und der sozialen Arbeit selbst.[109]

Der „IT-Report für die Sozialwirtschaft 2011" weist lediglich für 68 Prozent der befragten Unternehmen die Existenz eines IT-Sicherheitskonzeptes aus. Bezüglich der Anwendung zertifizierter IT-Sicherheitsnormen, wie dem BSI-Grundschutz oder der ISO-Norm 27001, gaben nur 42 Prozent der Befragten positive Antworten. Da gerade in der Sozialwirtschaft im Schadensfall mit dem Vertrauensverlust ein hohes wirtschaftliches Risiko einhergeht, und die ethisch-moralische Verantwortung etwa bei weltanschaulichen Trägern stark ausgeprägt sein müsste, geben die im Report genannten Zahlen Anlass zum Staunen.[110]

Es scheint also besonders notwendig, Unternehmen im sozialen Bereich umfassend für das Thema IT-Sicherheit zu sensibilisieren und gangbare Wege für die Einführung geeigneter Schutzmaßnahmen aufzuzeigen. Obwohl die Umsetzung von IT-Sicherheitsmaßnahmen häufig primär mit hohen technischen Investitionen und personellem Aufwand assoziiert wird, sind oftmals der Anteil und die Effektivität organisatorischer Maßnahmen weitaus bedeutsamer. Mangelnde Ressourcen in sozialwirtschaftlichen Unternehmen können also nicht den Verzicht auf Schutz begründen.

Daher soll im Folgenden auf grundlegende Elemente der IT-Sicherheit sowie den Prozess ihrer Umsetzung in Unternehmen der Sozialwirtschaft näher eingegangen werden.

Als Einstieg in das Thema und zur Ableitung dringenden Handlungsbedarfs bietet sich zunächst eine Bestandaufnahme der aktuellen Situation an. Zur Feststellung möglicher Sicherheitsdefizite im eigenen Unterneh-

---

[109] Vgl. Radewagen, Christof: Endlich: Entwicklungsberichte ade. Januar 2007, Online im Internet: http://www.vse-datenschutz.de/aufsaetze/Endlich_Entwicklungsberichte_ade.pdf (Abruf: 16.09.2011).
[110] Vgl. Kreidenweis, Helmut und Halfar, Bernd (Hrsg.): IT-Report für die Sozialwirtschaft 2011. Katholische Universität Eichstätt-Ingolstadt 2011. S. 27 f.

men können diverse öffentlich zugängliche Checklisten herangezogen werden. Das Bundesamt für Sicherheit in der Informationstechnik (BSI) stellt dazu umfangreiches Material auf seiner Internetseite zum Download bereit.[111] Allerdings ist dieses sehr komplex und nicht für jedes Unternehmen sofort praktisch einsetzbar. Im Anhang der vorliegenden Studie hat der Autor daher eine komprimierte Checkliste beigefügt, die genutzt werden kann, um den Ist-Zustand der IT-Sicherheit eines Unternehmens in der Sozialwirtschaft zu beurteilen.[112] In diese Checkliste sind einige der öffentlich verfügbaren Prüflisten sowie die mehrjährige Berufserfahrung des Autors als IT-Koordinator eines sozialwirtschaftlichen Unternehmens mittlerer Größe eingeflossen. Die angehängte Checkliste kann ein erster Einstiegspunkt sein, um – ausgehend von der Beurteilung des Ist-Zustandes in Bezug auf die IT-Sicherheit im Unternehmen – ein Bewusstsein für die Notwendigkeit eines IT-Sicherheitsmanagements zu entwickeln.

6.2. IT-Sicherheitsmanagement

Wie bereits weiter oben beschrieben, beinhaltet IT-Sicherheit die Gesamtheit aller technischen Vorkehrungen und organisatorischen Maßnahmen, mit denen einerseits den Anforderungen des gesetzlichen Datenschutzes nachgekommen und darüber hinaus die Unversehrtheit aller Daten und IT-Verfahren gewährleistet werden soll. Diese Vorkehrungen und Maßnahmen sind in einem sogenannten IT-Sicherheitskonzept zu beschreiben. Die Erstellung und die Einhaltung des IT-Sicherheitskonzeptes überwacht in der Regel ein eigens bestellter IT-Sicherheitsbeauftragter.[113] Die Verantwortung für die Gewährleistung einer hinreichenden IT-Sicherheit liegt aber (nach KonTraG) primär bei der Unternehmensleitung, also bei Geschäftsführung bzw. Vorstand.

---

[111] Vgl. Bundesamt für Sicherheit in der Informationstechnik (Hrsg.): Hilfsmittel, Checklisten und Formulare. Online im Internet: https://www.bsi.bund.de/cln_134/DE/Themen/weitereThemen/ITGrundschutzKataloge/Hilfsmittel/ChecklistenundFormulare/checklistenundformulare_node.html (Abruf: 03.10.2011).
[112] Siehe Anhang B der vorliegenden Studie, S. 75.
[113] Im Gegensatz zur Bestellung eines Datenschutzbeauftragten (ab einer bestimmten Unternehmensgröße) besteht für die Etablierung eines IT-Sicherheitsbeauftragten als Rolle im Unternehmen keine gesetzliche Verpflichtung. Vgl. Kreidenweis, Helmut: IT-Handbuch für die Sozialwirtschaft. Baden Baden: Nomos Verlagsgesellschaft 2011, S. 263.

6.2.1. Die Rolle des IT-Sicherheitsbeauftragten

Der IT-Sicherheitsbeauftragte ist für alle Aspekte der IT-Sicherheit eines Unternehmens zuständig. Zumeist ist diese Funktion organisatorisch als Stabsstelle direkt der Geschäftsleitung zugeordnet. Gegebenenfalls kann – in Abhängigkeit von der Unternehmensgröße – die Rolle des IT-Sicherheitsbeauftragten auch durch ein Team für Informationssicherheitsmanagement ergänzt werden.[114]

Der IT-Sicherheitsbeauftragte steuert und koordiniert die Erstellung sowie die kontinuierliche Fortschreibung des IT-Sicherheitskonzeptes. Er unterstützt die Leitungsebene bei der Erstellung von Sicherheits-Leitlinien. In Zusammenarbeit mit der Leitung der IT-Organisation beaufsichtigt er die Umsetzung der festgelegten IT-Sicherheitsmaßnahmen im Unternehmen. Auch werden sicherheitsrelevante Zwischenfälle durch ihn dokumentiert und untersucht. Dem IT-Sicherheitsverantwortlichen kommt zudem die Aufgabe zu, alle Mitarbeiter in Hinblick auf sicherheitsrelevante Themen zu sensibilisieren und zu schulen.[115]

In kleinen Organisationen der Sozialwirtschaft kann die Rolle des IT-Sicherheitsbeauftragten auch in einer Zugleich-Funktion ausgeübt werden. Häufig wird die Rolle der IT-Leitung zugeordnet; idealerweise sollte sie aber außerhalb der IT-Organisation angesiedelt sein, da der IT-Sicherheitsbeauftragte diese kontrolliert. Die Zusammenlegung der Rollen von Datenschutzbeauftragtem und IT-Sicherheitsverantwortlichem ist nicht zulässig, da Ersterer Letzterem gegenüber ebenfalls eine Kontrollfunktion innehat. Eine andere Möglichkeit zur Bestellung eines IT-Sicherheitsverantwortlichen besteht in der Übertragung der Funktion durch

---

[114] Beide Rollen werden vom BSI empfohlen, um wirkungsvolle organisatorische Formen für die Gewährleistung von IT-Sicherheit zu etablieren. Vgl. Bundesamt für Sicherheit in der Informationstechnik (Hrsg.): IT-Sicherheitsmanagement – Zuständigkeiten – Beauftragte. Online im Internet: https://www.bsi.bund.de/DE/Themen/weitereThemen /WebkursITGrundschutz/ITSicherheitsmanagement/Zustaendigkeiten/Beauftragte/bea uftragte_node.html (Abruf: 09.10.2011).
[115] Vgl. ebd.

Outsourcing an externe Dienstleister, falls innerhalb des Unternehmens keine personellen Ressourcen bereitgestellt werden können.[116]

Ist der IT-Sicherheitsbeauftrage intern im Unternehmen angesiedelt, so sollte er genügend Zeit für die Wahrnehmung seiner Aufgaben erhalten und einen guten Überblick über Aufgaben und Ziele des Unternehmens haben. Er muss sich mit den Zielen der IT-Sicherheit identifizieren, teamfähig sein, selbständig arbeiten können und über Durchsetzungsvermögen verfügen. Bereits wenn ein Unternehmen die Einführung eines IT-Sicherheitsmanagements plant, sollte die Funktion des IT-Sicherheitsbeauftragten besetzt sein. So kann dieser die Informationssicherheitsorganisation von Beginn an aktiv mitgestalten und an dieser wachsen.[117]

6.2.2. Erstellung eines IT-Sicherheitskonzeptes

Als Ausgangspunkt für das zu erstellende IT-Sicherheitskonzept können bereits vorhandene IT-Konzepte eines Unternehmens dienen, in denen Einführung und Betrieb der genutzten IT-Verfahren detailliert festgelegt sind. In IT-Konzepten werden neben Netzwerktopologien, Hard- und Softwarebeständen, eingesetzten Fachverfahren auch aufbau- und ablauforganisatorische Gegebenheiten beschrieben. Auf der Basis dieser Konzepte können Sicherheitsrisiken und Angriffsmöglichkeiten ermittelt sowie notwendige Schutzmaßnahmen im Rahmen des zu erstellenden IT-Sicherheitskonzeptes abgeleitet werden.[118]

Die Erarbeitung des IT-Sicherheitskonzeptes und seine spätere kontinuierliche Fortschreibung sollten durch eine Arbeitsgruppe unter Leitung des IT-Sicherheitsbeauftragten übernommen werden. Mitglieder einer solchen Arbeitsgruppe bilden idealerweise der IT-Leiter, die Fachverfahrensver-

---

[116] Vgl. Kreidenweis, Helmut: IT-Handbuch für die Sozialwirtschaft. Baden Baden: Nomos Verlagsgesellschaft 2011, S. 263.
[117] Vgl. Bundesamt für Sicherheit in der Informationstechnik (Hrsg.): IT-Sicherheitsmanagement – Zuständigkeiten – Beauftragte. Online im Internet: https://www.bsi.bund. de/DE/Themen/weitereThemen/WebkursITGrundschutz/ITSicherheitsmanagement/Zu staendigkeiten/Beauftragte/beauftragte_node.html (Abruf: 09.10.2011).
[118] Vgl. Unabhängiges Landeszentrum für Datenschutz Schleswig-Holstein (Hrsg.): backUP. Magazin für IT-Sicherheit. Nr. 1: IT-Sicherheitskonzepte. Planung – Erstellung – Umsetzung. 2. Auflage 2002, Online im Internet: https://www.datenschutz zentrum.de/backup-magazin/backup01.pdf (Abruf: 19.09.2011), S. 8.

antwortlichen, die IT-Administratoren (der einzelnen Fachbereiche), der Datenschutzbeauftragte sowie der Geschäftsführer bzw. dessen Stellvertreter. Dabei gilt der allgemeine Grundsatz, dass „die Leitungsebene ... die Verantwortung für die in ihrem Bereich verarbeiteten Daten *(trägt – d. Verf.)*. Sie ist zuständig für die Festlegung des Sicherheitsniveaus."[119] IT-Leiter und Datenschutzbeauftragtem kommt aufgrund ihres Fachwissens in dieser Runde die wichtige Aufgabe zu, die Geschäftsleitung für Schwachstellen und Risiken der automatisierten Datenverarbeitung zu sensibilisieren. Damit alle Mitglieder der Arbeitsgruppe stets über den gleichen Informationsstand verfügen, sollten in regelmäßigen Abständen Besprechungen stattfinden, in denen durchzuführende Aufgaben definiert und einzelnen Personen oder Unterarbeitsgruppen zugeordnet werden.[120]

Funktion	Zuordnung
IT-Sicherheitsbeauftragter	A
IT-Leiter	B
IT-Administratoren	C
Datenschutzbeauftragter	D
Geschäftsführer bzw. Stellvertretung	E
Verfahrensverantwortliche	F
Aufgabe	**Zuordnung**
Vorstand regelmäßig informieren und beraten	A B D E
Organisatorische Regeln sammeln und auswerten	Alle
Netzwerktopologie bzw. Konfigurationsplan erstellen	C D
Geräteverzeichnis erstellen	C D
Verfahrensliste erstellen	C F
Zweck, Rechtmäßigkeit und Löschung der Verfahrensdaten prüfen	D E F
Schwachstellen und Risiken darstellen	Alle
Technische Sicherheitsmaßnahmen umsetzen	A B C
Verfahrensdokumentation erstellen	C F
Mitarbeiter sensibilisieren und schulen	A B D F

Abb. 3: Aufgabenzuordnung innerhalb der Arbeitsgruppe für IT-Sicherheit[121]

Nach Zuordnung der Aufgaben zu Personen erfolgt mit Hilfe eines Projektplanes die Festlegung von Fristen und Terminen unter Berücksichti-

---

[119] Unabhängiges Landeszentrum für Datenschutz Schleswig-Holstein (Hrsg.): backUP. Magazin für IT-Sicherheit. Nr. 1: IT-Sicherheitskonzepte. Planung – Erstellung – Umsetzung. 2. Auflage 2002, Online im Internet: https://www.datenschutzzentrum.de /backup-magazin/backup01.pdf (Abruf: 19.09.2011), S. 12.
[120] Vgl. ebd.
[121] Die Abbildung wurde entnommen aus: ebd., S.13.

gung gegebenenfalls vorhandener Abhängigkeiten zwischen einzelnen Aufgaben oder Teilaufgaben. Auch der Projektplan sollte in regelmäßigen Besprechungen aktualisiert und die Ergebnisse der einzelnen Etappen dokumentiert werden.[122]

Projektplan				
Netzwerk	Verantwortlich	Soll-Termin	Ist-Termin	Ergebnis
Netzwerkplan erstellen	C D	31.01.	28.01.	alles erfasst
Geräteverzeichnis erstellen	C D	10.02.	12.02.	alles erfasst
Konfiguration der einzelnen Komponenten	C D	10.02.	16.02.	Erfassung verzögert, Personalmangel
Sicherheitsrisiken aufnehmen	C D	20.02.	20.02.	alles erfasst
Besprechung durchführen	C D	24.02.	24.02.	Durchgeführt. Checklisten erstellt.
IT-Systeme				
Geräteverzeichnis erstellen	C F	01.03.	01.03.	alles erfasst
Sicherheitsrisiken aufnehmen	C F	03.03.	03.03.	alles erfasst
Besprechung durchführen	C D F	05.03.	05.03.	Durchgeführt. Checklisten erstellt.
………	………	………	………	………
Erstellung des IT-Sicherheitskonzeptes				
Besprechung durchführen	Alle	01.04.	01.04.	
Entwurf des IT-Sicherheitskonzeptes	Alle	03.04.	03.04.	
Beschließen des IT Sicherheitskonzeptes	Alle	04.04.	04.04.	
Festlegung der Umsetzung	Alle	05.04.	05.04.	Neuer Projektplan

Abb. 4: Beispielhafter Ausschnitt aus einem Projektplan zur Einführung eines IT-Sicherheitskonzeptes

---

[122] Vgl. Unabhängiges Landeszentrum für Datenschutz Schleswig-Holstein (Hrsg.): backUP. Magazin für IT-Sicherheit. Nr. 1: IT-Sicherheitskonzepte. Planung – Erstellung – Umsetzung. 2. Auflage 2002, Online im Internet: https://www.datenschutzzentrum.de/backup-magazin/backup01.pdf (Abruf: 19.09.2011), S.13.

6.2.3. Schutzbedarfsfeststellung

Die Schutzbedarfsfeststellung ist als analytischer Schritt fester Bestandteil im Prozess der Erstellung eines unternehmensbezogenen IT-Sicherheitskonzeptes. Sie umfasst die für ein konkretes Unternehmen definierten Sicherheitsziele und alle daraus abgeleiteten, angemessenen Sicherheitsmaßnahmen.[123]

Dabei wird die gesamte IT-Umgebung eines Unternehmens (mit den Bestandteilen bauliche Infrastruktur, Netze, IT-Systeme sowie Anwendungssoftware) hinsichtlich der Merkmale Vertraulichkeit und Verfügbarkeit bewertet. Die Vertraulichkeitsstufe gibt an, wie öffentlich ein Element des Gesamtsystems sein darf. Dagegen definiert die Verfügbarkeitsstufe, wie erreichbar ein Element des Gesamtsystems sein muss.

Vertraulichkeitsstufe	Beispiele
Öffentlich	Presse-Informationen, Jahresberichte
Intern	Kontaktdaten, Dienstanweisungen, Qualitätshandbuch
Vertraulich	Finanzbuchhaltung, Kostenrechnung
Streng vertraulich	Klienten-Stammdaten, Personal- und Gehaltsdaten
Verfügbarkeitsstufe	**Beispiele**
Normal	Presse-Informationen, Jahresberichte
Hoch	Kontaktdaten, Dienstanweisungen
Sehr hoch	Finanzbuchhaltung, Kostenrechnung, Personaldaten, Klienten-Stammdaten

Abb. 5: Unterschiedliche Schutzbedarfniveaus in der Sozialwirtschaft[124]

Entsprechend der ermittelten Schutzbedarfsniveaus sind im Anschluss angemessene Maßnahmen zur Gewährleistung der IT-Sicherheit zu defi-

---

[123] Vgl. Bundesamt für Sicherheit in der Informationstechnik (Hrsg.): Leitfaden Informationssicherheit. IT-Grundschutz kompakt. Online im Internet: https://www.bsi.bund.de/SharedDocs/Downloads/DE/BSI/Grundschutz/Leitfaden/GS-Leitfaden_pdf.pdf?__blob=publicationFile (Abruf: 19.09.2011), S. 29.

[124] Die Abbildung wurde in Teilen übernommen aus: Kreidenweis, Helmut: IT-Handbuch für die Sozialwirtschaft. Baden Baden: Nomos Verlagsgesellschaft 2011, S. 268.

nieren. Ausgehend von der Analyse möglicher Risikofaktoren werden neue Schutzmaßnahmen festgelegt oder die bereits vorhandenen geprüft und gegebenenfalls angepasst. Die Maßnahmen müssen in ihrer Gesamtheit die physikalische, logische, administrative und organisatorische Sicherheit gewährleisten.[125]

Die festgelegten Schutzmaßnahmen gehen in einen Handlungsplan ein, in welchem die konkreten Zuständigkeiten festgelegt werden. Dieser ist vor seiner Umsetzung bekannt zu machen und sollte während der Durchführung kontinuierlich überprüft werden. Die Umsetzung von IT-Sicherheitsmaßnahmen stellt keine einmalige Angelegenheit dar, sondern vielmehr einen zyklischen Prozess.

Um die verschiedenen Ebenen der Erstellung eines IT-Sicherheitskonzeptes (Infrastrukturaufnahme, Schutzbedarfsfeststellung, Risikoanalyse und abgeleitete Maßnahmen) mit IT-Unterstützung zu durchlaufen, können sich Unternehmen diverser Tools bedienen. Diese werden entsprechend der Unternehmensgröße sowie der verfügbaren personellen und finanziellen Ressourcen ganz verschieden ausfallen. So kann ein Unternehmen, welches bereits das IT-Service-Management nach ITIL umgesetzt hat, für die Infrastrukturaufnahme auf das Configuration Management zurückgreifen und die dort vorliegenden Daten um Schutzbedarfsfeststellungen ergänzen.[126] Unternehmen, die nicht über IT-basierte Inventarisierungen ihrer IT-Systeme und Anwendungen verfügen, müssen diese Daten zunächst erheben und dokumentieren. Einfache und schnelle Lösungen, wie etwa die Erfassung der IT-Infrastruktur in Tabellenform mit gängigen Bürokommunikationsanwendungen, haben häufig den Nachteil, dass sie „Informationsinseln" entstehen lassen. Bei der Verwendung solcher gering integrierten Lösungen ohne Schnittstellen zu anderen Tools besteht stets die Herausforderung, die Aktualität und Eindeutigkeit der Daten zu gewährleisten und mehrfachen Erhebungs- und

---

[125] Vgl. Kreidenweis, Helmut: IT-Handbuch für die Sozialwirtschaft. Baden Baden: Nomos Verlagsgesellschaft 2011, S. 266-273.
[126] ITIL beschreibt übrigens auch einen Prozess für das IT-Security Management, d.h. die IT-Sicherheit im Unternehmen kann als Bestandteil eines IT-Service-Managements nach ITIL implementiert werden.

Pflegeaufwand zu vermeiden.[127] Das BSI stellt zur Unterstützung aller mit der Erstellung und Fortschreibung eines IT-Sicherheitskonzeptes verbundenen Prozesse auf seiner Website das GSTOOL (Grundschutztool) bereit.[128] Mit dieser Softwarelösung ist es möglich, die IT-Systeme, die auf diesen ausgeführten Anwendungen sowie die Netzwerkstruktur im Unternehmen zu erfassen und darauf aufbauend eine Risikoanalyse inklusive Kostenauswertung, Schutzbedarfsfeststellung und Berichtswesen zu erzeugen.

6.3. Ausgewählte Schutzmaßnahmen

Unabhängig von den im jeweiligen Unternehmen ermittelten spezifischen Anforderungen in Bezug auf IT-Schutzmaßnahmen können einige Standardmaßnahmen identifiziert werden, die aufgrund ähnlicher IT-Umgebungen und daraus resultierender gleichartiger Risiken in allen Unternehmen implementiert werden sollten. Das BSI spricht in diesem Zusammenhang von sogenannten IT-Grundschutz-Maßnahmen.[129] Einige dieser Standardmaßnahmen zur Gewährleistung einer grundlegenden IT-Sicherheit sollen hier überblicksartig aufgelistet werden:

(1) Kontinuierlich alle Mitarbeiter in Bezug auf die Gewährleistung von IT-Sicherheit im Kontext sich ständig entwickelnder Technologien sensibilisieren sowie die unternehmenseigenen IT-Sicherheitsrichtlinien bekanntmachen,

(2) IT-Infrastruktur und Daten vor unberechtigtem Zutritt bzw. Zugriff, Einbruch, Verlust und Zerstörung (z.B. durch Feuer, Wasser, Stromausfall) schützen sowie Notfallpläne im Unternehmen veröffentlichen,

---

[127] Vgl. Kreidenweis, Helmut: IT-Handbuch für die Sozialwirtschaft. Baden Baden: Nomos Verlagsgesellschaft 2011, S. 268-269.
[128] Das GSTOOL ist in einer Testversion für 30 Tage kostenlos nutzbar, anschließend fallen für die Nutzer – mit Ausnahme der unmittelbaren Verwaltungsbehörden – Lizenzgebühren an. Das Tool ist zu finden unter: https://www.bsi.bund.de/DE/Themen/weitereThemen/GSTOOL/Download/download_node.html (Abruf: 19.09.2011).
[129] Zur detaillierten Beschäftigung mit dem Thema IT-Grundschutz, welches die Vorgehensweise bei der Implementierung sowie wichtige Maßnahmen umfasst, sei an dieser Stelle auf die entsprechenden ausführlichen Kataloge des BSI verwiesen. Vgl. Bundesamt für Sicherheit in der Informationstechnik (Hrsg.): IT-Grundschutz-Kataloge. Online im Internet: https://www.bsi.bund.de/DE/Themen/weitereThemen/ITGrundschutzKataloge/itgrundschutzkataloge_node.html (Abruf: 19.09.2011).

(3) Vorhandene Hardware und Software vollständig inventarisieren und Inventar aktuell halten,

(4) Eingebaute Schutzmechanismen der vorhandenen IT-Systeme und Anwendungsprogramme optimal ausschöpfen,

(5) Virenschutzprogramme flächendeckend einsetzen, gezielt konfigurieren und für Aktualität sorgen,

(6) Bei Anbindung an externe Netze und das Internet geeignete und gezielt konfigurierte Firewalls benutzen,

(7) Für mobile und externe IT-Systeme (z.B. Notebooks, Smartphones oder Homeoffice-Arbeitsplätze) und Datenträger (z.B. USB-Speichermedien) eine wirksame Zugriffssicherung einrichten, etwa durch Verschlüsselungssoftware, Zertifikatsdongles oder die Nutzung biometrischer Authentifizierung (Fingerabdruck-Scanner),

(8) Falls mobile und externe IT-Systeme über das Internet mit dem Firmennetz verbunden werden, die Verbindung zuverlässig absichern, z.B. durch Nutzung sogenannter Virtual Private Networking-Lösungen (VPN),

(9) Für die Internetnutzung (im Wesentlichen E-Mail und WWW) die Sicherheitsmechanismen von Server- und Clientprogrammen gezielt ausschöpfen (z.B. durch Proxy-Server, Spam-Filter, geeignete Konfiguration der Browser),

(10) Für Kommunikationssicherheit sorgen, z.B. Mailverkehr oder spezifische Mailinhalte verschlüsseln sowie ein funktionales und aktuell gehaltenes System abgesetzter Zugriffsrechte auf Datenbestände etablieren,

(11) Benutzer der IT-Systeme eindeutig und sicher authentifizieren sowie deren Aktionen in Bezug auf die Bearbeitung von Daten protokollieren,

(12) Regelmäßige Datensicherung, sichere Aufbewahrung der Backup-Medien und stichprobenartige Zuverlässigkeitstests der Backups (Wiederherstellbarkeit) durchführen,

(13) Die Einhaltung der IT-Sicherheitsrichtlinien prüfen und Verstöße sanktionieren.[130]

Entscheidend für den Erfolg der in einem Unternehmen implementierten Schutzmaßnahmen, die – wie in der Auflistung deutlich wurde – sowohl organisatorische als auch technische Aspekte beinhalten, ist ihre Praktikabilität. Sind Sicherheitsmaßnahmen organisatorisch nicht durchdacht, werden sie nicht an veränderte Technologien oder Arbeitsabläufe angepasst oder verhindern sie im Alltag gar ein effektives Arbeiten, so werden sie zwangsläufig wirkungslos. Die Erfahrungen aus der Praxis und die Empfehlungen des BSI zeigen, dass veraltete, unvollständige oder nicht praktikable IT-Sicherheitsrichtlinien dazu führen, dass diese tendenziell von den Mitarbeitern eines Unternehmens missachtet werden.[131] Auch Unverhältnismäßigkeit führt bei IT-Sicherheitsmaßnahmen zum Verlust der Zweckmäßigkeit.

Die besonderen Herausforderungen bei der Einführung eines IT-Sicherheitsmanagements in Unternehmen der Sozialwirtschaft stellen also einerseits die notwendigen Investitionen in Technologie und Fachpersonal dar. Als gewichtiger erweisen sich aber, wie weiter oben dargestellt, die planvolle Einführung eines IT-Sicherheitsmanagements und die beständige Gewährleistung der Zweckmäßigkeit der unternehmensspezifischen Schutzmaßnahmen.

---

[130] Die Auswahl der hier vorgestellten Standardmaßnahmen zur Gewährleistung einer grundlegenden IT-Sicherheit basiert auf: Bundesamt für Sicherheit in der Informationstechnik (Hrsg.): Leitfaden Informationssicherheit. IT-Grundschutz kompakt. Online im Internet: https://www.bsi.bund.de/SharedDocs/Downloads/DE/BSI/Grundschutz/Leitfaden/GS-Leitfaden_pdf.pdf?__blob=publicationFile (Abruf: 19.09.2011), S. 35-46 sowie Kreidenweis, Helmut: IT-Handbuch für die Sozialwirtschaft. Baden Baden: Nomos Verlagsgesellschaft 2011, S. 273-279.

[131] Vgl. Bundesamt für Sicherheit in der Informationstechnik (Hrsg.): Leitfaden Informationssicherheit. IT-Grundschutz kompakt. Online im Internet: https://www.bsi.bund.de/SharedDocs/Downloads/DE/BSI/Grundschutz/Leitfaden/GS-Leitfaden_pdf.pdf?__blob=publicationFile (Abruf: 19.09.2011), S. 32 f.

7. Fazit

Ziel der vorliegenden Studie war es zu zeigen, welche Bedeutung den Informationstechnologien in der Sozialwirtschaft heute zukommt und welche zukünftigen Herausforderungen zu meistern sein werden.

Die besondere Spezifik der Fragestellung lag vor allem darin begründet, dass in der Sozialwirtschaft aufgrund einer branchenspezifischen Anti-Overhead-Kosten-Einstellung sowie einer prägnanten Gewichtung der „Arbeit am und für den Menschen" in der Selbst- und Fremdwahrnehmung der Einsatz von IT-Technologien als Mittel effizienter Ressourcennutzung häufig unterbewertet wird.

Den Ausgangspunkt für die Beschäftigung mit der Fragestellung bildete ein Überblick über den gegenwärtigen Stand des IT-Einsatzes in der Sozialwirtschaft. Dabei konnte gezeigt werden, dass in den zurückliegenden drei Jahrzehnten die Informationstechnologien in alle Bereiche sozialwirtschaftlicher Unternehmen Einzug gehalten haben. Inzwischen sind diese auch in der Sozialwirtschaft, analog zu anderen Wirtschaftsbereichen, zu einem unternehmenskritischen Faktor geworden. Anhand der seit 2008 jährlich von der Universität Eichstätt-Ingolstadt herausgegebenen „IT-Reports für die Sozialwirtschaft" wurden Bereiche beim Einsatz von Informationstechnologien identifiziert, denen ein noch unzureichender Grad an Potentialausschöpfung und damit ein hoher zukünftiger Entwicklungsbedarf zugeschrieben wird. Dabei zeigte sich, dass in der Branche zukünftig vor allem den Organisations- und Managementaspekten beim Technologieeinsatz besondere Aufmerksamkeit geschenkt werden muss.

Einen nächsten Schwerpunkt bei der Beschäftigung mit der Fragestellung der vorliegenden Studie bildete eine technologisch orientierte Darstellung aktuell relevanter IT-Infrastrukturen und Anwendungssysteme, die in sozialwirtschaftlichen Unternehmen eingesetzt werden. Darüber hinaus wurden die Internetdienste E-Mail und WWW sowie deren spezifische Nutzbarmachung in der Sozialwirtschaft betrachtet, wobei auch ein Ausblick auf die besonderen Chancen und Risiken der Technologien des Web 2.0 gegeben wurde.

Im Anschluss an die Darstellung technologischer Aspekte wandte sich die vorliegende Studie ausgewählten Bereichen der IT-Organisation und des IT-Managements zu, denen in sozialwirtschaftlichen Unternehmen gegenwärtig der größte Entwicklungsbedarf bescheinigt wird.

Dabei wurde zunächst das IT-Outsourcing als organisatorische Herausforderung zur Steigerung der Wirtschaftlichkeit sowie der Qualität sozialer Arbeit betrachtet. Auf die Beschreibung von Chancen und Risiken beim IT-Outsourcing folgte eine Systematisierung verschiedener Outsourcing-Formen. Anschließend beschäftigte sich die vorliegende Studie mit dem aktuellen Trend zum Cloud Computing als einem spezifischen Fall von IT-Outsourcing. Hierbei wurden wiederum Chancen und Risiken der Technologie gegenübergestellt und die besonderen Herausforderungen herausgearbeitet, welche der Einsatz dieser Technologie in Unternehmen der Sozialwirtschaft in Hinblick auf Datenschutz und Datensicherheit birgt.

Ein weiteres zentrales Kapitel der vorliegenden Studie beschäftigte sich mit der notwendigen Strukturierung und Standardisierung der IT-Organisation sowie deren Dienstleistungen in sozialwirtschaftlichen Unternehmen. Im Bereich des IT-Managements besteht zukünftig – nach Meinung der einschlägigen Literatur und des Verfassers – der größte Entwicklungsbedarf für die Sozialwirtschaft. Daher räumte diese Studie dem Thema der Einführung eines IT-Service-Managements einen wichtigen Platz ein. In diesem Zusammenhang wurden wesentliche Elemente eines IT-Service-Managements basierend auf dem ITIL-Modell vorgestellt sowie der Prozess der Einführung eines IT-Service-Managements in Form eines Handlungsleitfadens näher beschrieben. Besondere Betonung legte die vorliegende Studie darauf, dass es für sozialwirtschaftliche Unternehmen – vor dem Hintergrund unterschiedlichster Ressourcenausstattung und organisatorischer Komplexität – durchaus möglich ist, mit Hilfe einer schrittweisen Standardisierung der eigenen IT-Dienstleistungen fachliche Qualität und Mitteleinsatz zu optimieren.

Ein letztes managementorientiertes Kapitel der vorliegenden Studie widmete sich dem Thema der IT-Sicherheit, welches ebenfalls zu den zukünftigen Herausforderungen für Unternehmen in der Sozialwirtschaft zu zählen ist. Basierend auf der Bewertung von IT-Sicherheit als einem Qualitätsmerkmal sozialwirtschaftlicher Unternehmen wurden zentrale Elemente bei der Etablierung eines IT-Sicherheitsmanagements herausgearbeitet. Hierbei fanden sowohl allgemeine organisatorische Aspekte, wie die Erstellung eines unternehmensspezifischen IT-Sicherheitskonzeptes, als auch praktisch orientierte Handlungshilfen, wie angepasste Checklisten und ausgewählte IT-Grundschutz-Maßnahmen, Berücksichtigung.

Mit der umfangreichen Darstellung von Management- und Organisationsaspekten bei der Betrachtung des IT-Einsatzes in sozialwirtschaftlichen Unternehmen ist die vorliegende Studie auf die besonderen Herausforderungen eingegangen, denen sich die Sozialwirtschaft in Zukunft zu stellen hat. Um zukünftig Ressourcen effizienter zu nutzen und zugleich die Qualität der fachlichen Arbeit sicherzustellen, muss das Management den Einsatz von Informationstechnologien strategisch planen. In Kooperation mit der Leitung der internen IT-Organisation und unter Berücksichtigung der Benutzeranforderungen aus den Fachbereichen sozialer Arbeit kommt dem Management in der Sozialwirtschaft die Aufgabe zu, passgenaue Strategien für den Technologieeinsatz zu entwickeln und umzusetzen. Das Fehlen solcher strategischen Ansätze hat in der Vergangenheit dazu beigetragen, dass häufig die Potentiale des IT-Einsatzes nur unzureichend genutzt werden konnten.

Abbildungsverzeichnis

Abb. 1: Ausschöpfung der IT-Potentiale in sozialwirtschaftlichen Unternehmen 9

Abb. 2: Mögliche Nutzungsformen von ITIL in der Sozialwirtschaft 52

Abb. 3: Aufgabenzuordnung innerhalb der Arbeitsgruppe für IT-Sicherheit 61

Abb. 4: Beispielhafter Ausschnitt aus einem Projektplan zur Einführung eines IT-Sicherheitskonzeptes 62

Abb. 5: Unterschiedliche Schutzbedarfniveaus in der Sozialwirtschaft 63

Anhangsverzeichnis

Anhang A:

BDSG § 11: Erhebung, Verarbeitung oder Nutzung personenbezogener Daten im Auftrag..73

Anhang B:

Checkliste IT-Sicherheit..75

Anhang A: BDSG § 11: Erhebung, Verarbeitung oder Nutzung personenbezogener Daten im Auftrag

„(1) Werden personenbezogene Daten im Auftrag durch andere Stellen erhoben, verarbeitet oder genutzt, ist der Auftraggeber für die Einhaltung der Vorschriften dieses Gesetzes und anderer Vorschriften über den Datenschutz verantwortlich. Die in den §§ 6, 7 und 8 genannten Rechte sind ihm gegenüber geltend zu machen.

(2) Der Auftragnehmer ist unter besonderer Berücksichtigung der Eignung der von ihm getroffenen technischen und organisatorischen Maßnahmen sorgfältig auszuwählen. Der Auftrag ist schriftlich zu erteilen, wobei insbesondere im Einzelnen festzulegen sind:

1. der Gegenstand und die Dauer des Auftrags,
2. der Umfang, die Art und der Zweck der vorgesehenen Erhebung, Verarbeitung oder Nutzung von Daten, die Art der Daten und der Kreis der Betroffenen,
3. die nach § 9 zu treffenden technischen und organisatorischen Maßnahmen,
4. die Berichtigung, Löschung und Sperrung von Daten,
5. die nach Absatz 4 bestehenden Pflichten des Auftragnehmers, insbesondere die von ihm vorzunehmenden Kontrollen,
6. die etwaige Berechtigung zur Begründung von Unterauftragsverhältnissen,
7. die Kontrollrechte des Auftraggebers und die entsprechenden Duldungs- und Mitwirkungspflichten des Auftragnehmers,
8. mitzuteilende Verstöße des Auftragnehmers oder der bei ihm beschäftigten Personen gegen Vorschriften zum Schutz personenbezogener Daten oder gegen die im Auftrag getroffenen Festlegungen,
9. der Umfang der Weisungsbefugnisse, die sich der Auftraggeber gegenüber dem Auftragnehmer vorbehält,
10. die Rückgabe überlassener Datenträger und die Löschung beim Auftragnehmer gespeicherter Daten nach Beendigung des Auftrags.

Er kann bei öffentlichen Stellen auch durch die Fachaufsichtsbehörde erteilt werden. Der Auftraggeber hat sich vor Beginn der Datenverarbeitung und sodann regelmäßig von der Einhaltung der beim Auftragnehmer getroffenen technischen und organisatorischen Maßnahmen zu überzeugen. Das Ergebnis ist zu dokumentieren.

(3) Der Auftragnehmer darf die Daten nur im Rahmen der Weisungen des Auftraggebers erheben, verarbeiten oder nutzen. Ist er der Ansicht, dass eine Weisung des Auftraggebers gegen dieses Gesetz oder andere Vorschriften über den Datenschutz verstößt, hat er den Auftraggeber unverzüglich darauf hinzuweisen.

(4) Für den Auftragnehmer gelten neben den §§ 5, 9, 43 Abs. 1 Nr. 2, 10 und 11, Abs. 2 Nr. 1 bis 3 und Abs. 3 sowie § 44 nur die Vorschriften über die Datenschutzkontrolle oder die Aufsicht, und zwar für

1.   a) öffentliche Stellen,

      b) nicht-öffentliche Stellen, bei denen der öffentlichen Hand die Mehrheit der Anteile gehört oder die Mehrheit der Stimmen zusteht und der Auftraggeber eine öffentliche Stelle ist,

      die §§ 18, 24 bis 26 oder die entsprechenden Vorschriften der Datenschutzgesetze der Länder,

2. die übrigen nicht-öffentlichen Stellen, soweit sie personenbezogene Daten im Auftrag als Dienstleistungsunternehmen geschäftsmäßig erheben, verarbeiten oder nutzen, die §§ 4f, 4g und 38.

(5) Die Absätze 1 bis 4 gelten entsprechend, wenn die Prüfung oder Wartung automatisierter Verfahren oder von Datenverarbeitungsanlagen durch andere Stellen im Auftrag vorgenommen wird und dabei ein Zugriff auf personenbezogene Daten nicht ausgeschlossen werden kann."[132]

---

[132] Paragraph 11 des Bundesdatenschutzgesetzes wurde entnommen aus: Bundesministerium der Justiz (Hrsg.): Bundesdatenschutzgesetz. Online im Internet: http://www.gesetze-im-internet.de/bdsg_1990/__11.html (Abruf: 12.09.2011).

Anhang B: Checkliste IT-Sicherheit[133]

Checkliste IT-Sicherheit
Hilfe zum Beurteilen der IT-Sicherheit

Unternehmen:	
Abteilung:	
Verantwortlich für die Prüfung:	
Datum:	
Unterschrift:	

1. IT-Sicherheitsbeauftragter

1.1 IT-Sicherheitsbeauftragter

a) Gibt es einen IT-Sicherheitsbeauftragten (Kontrollfunktion nach § 11 BDSG)?	☐ ja	☐ nein	☐ in Planung
b) Wurden die Mitarbeiter über die Funktion des IT-Sicherheitsbeauftragten im Unternehmen aufgeklärt?	☐ ja	☐ nein	☐ in Planung
c) Ist die Funktion des IT-Sicherheitsbeauftragten als Rolle im Unternehmen etabliert (ähnlich des Brandschutzbeauftragten)?	☐ ja	☐ nein	☐ in Planung

1.2 Ausbildungsstand des IT-Sicherheitspersonals

a) Ist der IT-Sicherheitsbeauftragte ausreichend ausgebildet?	☐ ja	☐ nein	☐ in Planung
b) Wird der IT-Sicherheitsbeauftragte regelmäßig geschult?	☐ ja	☐ nein	☐ in Planung

2. Schutz vor Schadsoftware

2.1 Virenscanner

a) Ist der Einsatz von Antivirensoftware vorgeschrieben?	☐ ja	☐ nein	☐ in Planung
b) Werden die Virensignaturen stets aktuell gehalten?	☐ ja	☐ nein	☐ in Planung
c) Werden Sicherheitsupdates regelmäßig für die Betriebssysteme und Programme eingespielt?	☐ ja	☐ nein	☐ in Planung

---

[133] Folgende Checklisten wurden verwendet: Verwaltungs-Berufsgenossenschaft (Hrsg.): Checkliste IT-Sicherheit. Online im Internet: http://www.vbg.de/zwischenfall/arbhilf/checkl/cl_it_sicherheit.htm (Abruf: 03.10.2011) sowie DFN-Verein (Hrsg.): DFN-Checkliste IT-Sicherheit. Online im Internet: http://www.dfn.de/fileadmin/Sicherheit/DFN-Checkliste_IT-Sicherheit_v2.pdf (Abruf: 03.10.2011).

2.2 Firewall / Router

	ja	nein	in Planung
a) Existiert eine Firewall im Unternehmen, die den Zugang zum Internet reglementiert?	☐	☐	☐
b) Existiert ein Konzept, in dem beschrieben ist, welche Internetdienste (z.B. HTTP, FTP, Mail) angeboten werden?	☐	☐	☐
c) Existieren Router, um sensible Verwaltungsnetze zusätzlich abzugrenzen?	☐	☐	☐

3. Datensicherung

	ja	nein	in Planung
a) Existiert ein Datensicherungskonzept, das die Wiederherstellung und Sicherung der Daten beschreibt?	☐	☐	☐
b) Werden die Backupmedien (z.B. Bänder) in einem feuersicheren Safe oder einem Schließfach gelagert?	☐	☐	☐
c) Wird regelmäßig eine Wiederherstellung der Daten auf alternativen Zielmedien getestet?	☐	☐	☐
d) Ist der Zugang zu den Backupmedien streng geregelt?	☐	☐	☐
e) Ist sichergestellt, dass Speichermedien, die ausgesondert werden oder nicht mehr in Gebrauch sind, ordnungsgemäß zerstört werden (§ 6 c BDSG)?	☐	☐	☐

4. Fernzugänge

4.1 Remotezugriff

	ja	nein	in Planung
a) Existieren Fernzugänge (Remotezugriffe jeder Art)?	☐	☐	☐
b) Existieren Richtlinien, die das Einbinden externer PCs regeln?	☐	☐	☐
c) Wird sichergestellt, dass jede Art von Remotezugriff über ein VPN realisiert wird?	☐	☐	☐

4.2 Wireless LAN

	ja	nein	in Planung
a) Existieren Wireless LANs im Unternehmen?	☐	☐	☐
b) Wird sichergestellt, dass diese WLAN-Zugänge streng reglementiert sind?	☐	☐	☐

5. Notfallkonzept

a) Existiert ein Notfallkonzept, in dem beschrieben ist, was bei einem Sicherheitsvorfall zu tun ist?	☐ ja	☐ nein	☐ in Planung
b) Sind alle im Notfallkonzept beschriebenen Aufgaben den verantwortlichen Personen bekannt?	☐ ja	☐ nein	☐ in Planung

6. E-Mail Verkehr, externe Kommunikation

a) Existiert eine Richtlinie zum verschlüsselten Versenden von Dokumenten?	☐ ja	☐ nein	☐ in Planung
b) Existiert eine Vorgabe, die das Versenden bestimmter Dokumentenarten untersagt?	☐ ja	☐ nein	☐ in Planung
c) Existiert eine Richtlinie, in der die Voransicht der E-Mails (HTML oder Text) geregelt ist?	☐ ja	☐ nein	☐ in Planung
d) Existiert eine Richtlinie, die den Einsatz von elektronischen Signaturen beschreibt?	☐ ja	☐ nein	☐ in Planung

7. Mitarbeiter

7.1 Benutzerordnung

a) Existiert eine IT-Benutzerordnung, die jedem zugänglich ist?	☐ ja	☐ nein	☐ in Planung
b) Ist die IT-Benutzerordnung verständlich formuliert?	☐ ja	☐ nein	☐ in Planung
c) Ist in der Benutzerordnung der Gebrauch von sicheren Kennwörtern geregelt?	☐ ja	☐ nein	☐ in Planung
d) Ist in der Benutzerordnung das Sperren des Arbeitsplatzrechners beim Verlassen geregelt?	☐ ja	☐ nein	☐ in Planung
c) Existiert eine spezifische Verpflichtungserklärung für IT-Administratoren, bezogen auf den Umgang mit Daten (TKG, BDSG, LDSG, DSG-EKD, KDO-DVO)?	☐ ja	☐ nein	☐ in Planung
d) Werden die administrativen Kennwörter regelmäßig geändert und in einem versiegelten Umschlag bei der Leitung hinterlegt?	☐ ja	☐ nein	☐ in Planung

7.2 Daten

a) Existiert eine Richtlinie, die den Umgang mit personenbezogenen Daten regelt?	☐ ja	☐ nein	☐ in Planung
b) Wird in dieser Richtlinie den geltenden Gesetzen Rechnung getragen (SGB, StGB, LDSG, BDSG, DSG-EKD, KDO-DVO)?	☐ ja	☐ nein	☐ in Planung
c) Existieren Richtlinien, die das sichere Löschen von Daten und deren Löschfristen beschreiben (§ 20 BDSG)?	☐ ja	☐ nein	☐ in Planung
d) Wird dem Grundsatz der Datenvermeidung Rechnung getragen (§ 3 a BDSG)?	☐ ja	☐ nein	☐ in Planung

7.3 Sanktionen

a) Werden Verstöße gegen die Benutzerordnung und Richtlinien im Umgang mit Daten sanktioniert?	☐ ja	☐ nein	☐ in Planung

8. Infrastruktur

a) Existiert eine unterbrechungsfreie Spannungsversorgung (USV) der zentralen IT-Systeme?	☐ ja	☐ nein	☐ in Planung
b) Ist der Zutritt zu den zentralen IT-Systemen und deren Räumen streng geregelt?	☐ ja	☐ nein	☐ in Planung
c) Werden Handwerker, die diese Räume betreten, beaufsichtigt?	☐ ja	☐ nein	☐ in Planung
d) Existieren Maßnahmen zur Verhinderung von Einbruchdiebstahl?	☐ ja	☐ nein	☐ in Planung

Literaturverzeichnis

Allweyer, Thomas, Besthorn, Thomas und Schaaf, Jürgen: IT-Outsourcing: Zwischen Hungerkur und Nouvelle Cuisine. In: Economics, Nr. 43, 06.04.2004, Online im Internet: http://129.35.230.60/PROD/DBR_INTERNET_EN-PROD/PROD0000000000073793.pdf (Abruf: 23.08.11).

AMD (Hrsg.): Die Cloud-Computing-Technologie von AMD. Online im Internet: http://sites.amd.com/de/business/it-solutions/web-cloud/Pages/web-cloud.aspx (Abruf: 11.07.2011).

Beckmann, Christoph: Was ist Cloud-Computing. Online im Internet: http://www.phphatesme.com/blog/webentwicklung/cloud-computing/ (Abruf: 11.07.2011).

Blome, Joachim: Enterprise-Applikationen ins Cloud-Computing bringen. 22.05.2009, Online im Internet: http://www.dotnetpro.de/articles/webarticle65.aspx (Abruf: 11.07.2011).

Der Bundesbeauftragte für den Datenschutz und die Informationsfreiheit (Hrsg.): Sozialgeheimnis. Online im Internet: http://www.bfdi.de/ (Abruf: 16.09.2011).

Bundesministerium der Justiz (Hrsg.): Bundesdatenschutzgesetz. Online im Internet: http://www.gesetze-im-internet.de/bdsg_1990/__11.html (Abruf: 12.09.2011).

Bundesamt für Sicherheit in der Informationstechnik (Hrsg.): Hilfsmittel, Checklisten und Formulare. Online im Internet: https://www.bsi.bund.de/cln_134/DE/Themen/weitereThemen/ITGrundschutzKataloge/Hilfsmittel/ChecklistenundFormulare/checklistenundformulare_node.html (Abruf: 03.10.2011).

Bundesamt für Sicherheit in der Informationstechnik (Hrsg.): IT-Grundschutz-Kataloge. Online im Internet: https://www.bsi.bund.de/DE/Themen/weitereThemen/ITGrundschutzKataloge/itgrundschutzkataloge_node.html (Abruf: 19.09.2011).

Bundesamt für Sicherheit in der Informationstechnik (Hrsg.): IT-Sicherheitsmanagement – Zuständigkeiten – Beauftragte. Online im Internet: https://www.bsi.bund.de/DE/Themen/weitereThemen/WebkursIT Grundschutz/ITSicherheitsmanagement/Zustaendigkeiten/Beauftragte/beauftragte_node.html (Abruf: 09.10.2011).

Bundesamt für Sicherheit in der Informationstechnik (Hrsg.): Leitfaden Informationssicherheit. IT-Grundschutz kompakt. Online im Internet: https://www.bsi.bund.de/SharedDocs/Downloads/DE/BSI/Grundschutz/Leitfaden/GS-Leitfaden_pdf.pdf?__blob=publicationFile (Abruf: 19.09.2011).

Christmann, Constantin, Falkner, Jürgen, Kopperger, Dietmar und Weisbecker, Anette: Kosten und Nutzen von Cloud-Computing. Schein oder Sein. In: iX, Nr. 5, 2011, S. 38-43.

DFN-Verein (Hrsg.): DFN-Checkliste IT-Sicherheit. Juni 2005, Online im Internet: http://www.dfn.de/fileadmin/Sicherheit/DFN-Checkliste_IT-Sicherheit_v2.pdf (Abruf: 03.10.2011).

Fischer, Markus: Xen. Das umfassende Handbuch. Bonn: Galileo Press 2009.

Fraunhofer UMSICHT (Hrsg.): PC vs. Thin Client. Wirtschaftlichkeitsbetrachtung, 20.02.2008, Online im Internet: http://http://cc-asp.fraunhofer.de/docs/PCvsTC-de.pdf (Abruf: 03.01.2012).

Gabler Verlag (Hrsg.): Gabler Wirtschaftslexikon. Stichwort: Hardware, Online im Internet: http://wirtschaftslexikon.gabler.de/Archiv/54982/hardware-v6.html (Abruf: 01.01.2012).

Gabler Verlag (Hrsg.): Gabler Wirtschaftslexikon. Stichwort: Software, Online im Internet: http://wirtschaftslexikon.gabler.de/Archiv/56933/software-v5.html (Abruf: 01.01.2012).

Gabriel, Roland: Anwendungssystem. In: Kurbel, Karl et al. (Hrsg.): Enzyklopädie der Wirtschaftsinformatik. Fünfte Auflage, München: Oldenbourg, 25.08.2011, Online im Internet: http://www.enzyklopaedie-der-wirtschaftsinformatik.de (Abruf: 01.01.2012).

Gosse, Michael: Informationstechnologien für soziale Organisationen. Hausarbeit, vorgelegt im Rahmen des Seminars „BWL I" bei Prof. Dr. Jürgen Holdenrieder im SS 2010, o.O. (Berlin), 07.07.2010.

Grohmann, Werner: SaaS, PaaS, IaaS, S+S, Cloud-Computing – Durchblick im Begriffswirrwarr. 08.12.2009, Online im Internet: http://www.ondemand-business.de/2009/12/saas-paas-iaas-s-plus-s-cloud-computing-durchblick-im-begriffswirrarr/ (Abruf: 11.07.2011).

Haustein, Nils und Troppens, Ulf: Gewurmt. WORM-Techniken im Vergleich. In: iX kompakt. Storage, Nr. 2, 2011, S. 30-32.

Hoffmann, Rüdiger und Wismans, Benedikt: Dezentrale IT-Architekturen in der Sozialwirtschaft. In: Kreidenweis, Helmut und Halfar, Bernd (Hrsg.): Dokumentation zur 4. Eichstätter Fachtagung Sozialinformatik. Eichstätt 2009, S.123-133.

Hohn, Bettina und Hohn, Stefanie: Wie nutzen deutsche NPO das Marketing-Potential des Internets? Online im Internet: http://www.sozialbank.de/fachbeitraege/ (Abruf: 21.09.2011).

Horcher, Georg: Outsourcing. In: Maelicke, Bernd (Hrsg.): Lexikon der Sozialwirtschaft. Baden-Baden: Nomos Verlagsgesellschaft 2008, S. 751.

Howard, Don und Gregory Goggins, Ann: Don't Compromise "Good Overhead" (Even in Tough Times). 28.10.2008, Online im Internet: http://www.bridgespan.org/nonprofit-good-overhead-in-tough-times.aspx (Abruf: 19.09.2011).

itSMF (Hrsg.): ITIL Service Management Self Assessment. Online im Internet: http://www.itsmf.com/trans/sa.asp (Abruf: 23.10.2011).

Jung-Elsen, Sabine: Software as a Service. Was bringt es wirklich? In: IT-Management, November 2010, S. 44-45.

Kempter, Andrea, Kempter, Stefan und Lea-Cox, Trevor: Geschichte von ITIL. Online im Internet: http://wiki.de.it-processmaps.com/index.php/Geschichte_von_ITIL (Abruf: 14.08.2011).

Kempter, Andrea, Kempter, Stefan, Lea-Cox, Trevor: ITIL-Glossar. Online im Internet: http://wiki.de.it-processmaps.com/index.php/ITIL-Glossar (Abruf: 23.10.2011).

Kempter, Andrea, Kempter, Stefan und Lea-Cox Trevor: ITIL-Implementierung. Online im Internet: http://wiki.de.it-processmaps.com/index.php/ITIL-Implementierung (Abruf: 13.09.2011).

Kempter Andrea, Kempter Stefan, Lea-Cox Trevor: Rollen in ITIL V3. Online im Internet: http://wiki.de.it-processmaps.com/index.php/Rollen_in_ITIL_V3 (Abruf: 23.10.2011).

Klima, Markus: Mailinglisten in politischen Organisationen. Online im Internet: http://www.hbs-hessen.de/archivseite/pol/klima.htm (Abruf: 01.01.2012).

Klumbies, Hans: Service Level Agreement. 22.09.2009, In: Mittelstands-WiKi, Online im Internet: http://www.mittelstandswiki.de/Service_Level_Agreement (Abruf: 12.09.2011).

Kramer, Jost. W.: Sozialwirtschaft – Zur inhaltlichen Strukturierung eines unklaren Begriffs. In: Wismarer Diskussionspapiere, Hochschule Wismar, Fachbereich Wirtschaft, Heft 6, 2006.

Kreidenweis, Helmut: Datenschutz. In: Maelicke, Bernd (Hrsg.): Lexikon der Sozialwirtschaft. Baden-Baden: Nomos Verlagsgesellschaft 2008, S. 214-218.

Kreidenweis, Helmut: Eine neue Disziplin formiert sich. Zum Stand der Sozialinformatik in Deutschland. In: Blätter der Wohlfahrtspflege Nr. 1/2008, S. 28-31.

Kreidenweis, Helmut: IT-Handbuch für die Sozialwirtschaft. Baden-Baden: Nomos Verlagsgesellschaft 2011.

Kreidenweis, Helmut: IT-Management in sozialen Organisationen. Online im Internet: http://www.sozialbank.de/fachbeitraege/ (Abruf: 20.09.2011).

Kreidenweis, Helmut: Sozialinformatik. Baden-Baden: Nomos Verlagsgesellschaft 2005.

Kreidenweis, Helmut und Halfar, Bernd (Hrsg.): IT-Report für die Sozialwirtschaft 2010. Wertbeitrag der IT und Markenstärke der Anbieter. Katholische Universität Eichstätt-Ingolstadt 2010.

Kreidenweis, Helmut und Halfar, Bernd (Hrsg.): IT-Report für die Sozialwirtschaft 2011. Katholische Universität Eichstätt-Ingolstadt 2011.

Kurbel, Karl: Software. In: Kurbel, Karl et al. (Hrsg.): Enzyklopädie der Wirtschaftsinformatik. Fünfte Auflage. München: Oldenbourg, 12.10.2011, Online im Internet: http://www.enzyklopaedie-der-wirtschaftsinformatik.de (Abruf: 01.01.2012).

Kuri, Jürgen: Berliner Datenschützer fordert Behörden-Webseiten ohne Facebook. In: Heise online, 23.12.2011, Online im Internet: http://heise.de/-1400736 (Abruf: 03.01.2012).

Maelicke, Bernd (Hrsg.): Lexikon der Sozialwirtschaft. Baden-Baden: Nomos Verlagsgesellschaft 2008.

Münch, Isabell, Doubrava, Dr. Clemens, Essoh, Alex Didier: Standards für die Sicherheit. In: Move. Moderne Verwaltung, Nr. 1, 2011, S. 39-41.

Nolte, Susanne: Variantenreich. In: iX kompakt. Storage, Nr. 2, 2011, S. 3.

Nüttgens, Marcus: Open-Source-Software. In: Kurbel, Karl et al. (Hrsg.): Enzyklopädie der Wirtschaftsinformatik. Fünfte Auflage, München: Oldenbourg, 03.09.2011, Online im Internet: http://www.enzyklopaedie-der-wirtschaftsinformatik.de (Abruf: 01.01.2012).

PariDienst GmbH (Hrsg.): Unsere Produkte und Dienstleistungen. Online im Internet: http://www.paridienst.de/content/e1585/ (Abruf: 01.01.2012).

Patig, Susanne: IT-Infrastruktur. In: Kurbel, Karl et al. (Hrsg.): Enzyklopädie der Wirtschaftsinformatik. Fünfte Auflage. München: Oldenbourg,

05.10.2011, Online im Internet: http://www.enzyklopaedie-der-wirtschaftsinformatik.de (Abruf: 01.01.2012).

Radewagen, Christof: Endlich: Entwicklungsberichte ade. Januar 2007, Online im Internet: http://www.vse-datenschutz.de/aufsaetze/Endlich_Entwicklungsberichte_ade.pdf (Abruf: 16.09.2011).

Ramm, Christian: ITIL: Einführung des Incident Managements. Online im Internet: http://www.ordix.de/ORDIXNews/1_2007/Projektmanagement/ITIL_Incident_management.html (Abruf: 14.09.2011).

Reiser, Brigitte: Auf dem Weg zur NPO 2.0. Vortrag für die re:campaign, Berlin, 16./17. April 2010, Online im Internet: http://www.slideshare.net/npovernetzt/auf-dem-weg-zur-npo-20 (Abruf: 03.10.2011).

Reiser, Brigitte: IT in Nonprofits – die Situation im Sozialsektor. 28.11.2008, Online im Internet: http://blog.nonprofits-vernetzt.de/index.php/it-in-nonprofits-die-situation-im-sozialsektor/ (Abruf: 19.09.2011).

Reiser, Brigitte: Live im Internet – sinnvoll für soziale Organisationen? 29.01.2010, Online im Internet: http://blog.nonprofits-vernetzt.de/index.php/live-im-internet-sinnvoll-fur-soziale-organisationen/ (Abruf: 22.09.2011).

Reiser, Brigitte: Nonprofits-Online. Web 2.0 für gemeinnützige Organisationen. Online im Internet: http://www.nonprofits-online.de/index.html (Abruf: 22.09.2011).

Reiser, Brigitte: Nonprofits und ihre Verwaltungskosten. In: NPO-Blogparade, Online im Internet: http://blog.nonprofits-vernetzt.de/index.php/npo-blogparade-nonprofits-und-ihre-verwaltungskosten/ (Abruf: 19.09.2011).

Reiser, Brigitte: Web 2.0 für soziale Organisationen. Online im Internet: http://www.sozialbank.de/fachbeitraege/ (Abruf: 21.09.2011).

Reiser, Brigitte: Welche Funktionen erfüllen gemeinnützige Organisationen für unsere Gesellschaft und wie können Social Media sie darin unterstützen? Online im Internet: http://blog.nonprofits-vernetzt.de/index.php

/welche-funktionen-erfullen-gemeinnutzige-organisationen-fur-unsere-gesellschaft-und-wie-konnen-social-media-sie-darin-unterstutzen/ (Abruf: 22.09.2011).

Riepe, Michael: Neuer Stern. Flash-SSDs in Servern und Storage-Systemen. In: iX kompakt. Storage, Nr. 2, 2011, S. 8-10.

SaaS: Dokumentation im Healthcare. In: SaaS-Magazin, Online im Internet: http://www.saasmagazin.de/saasondemandmarkt/unternehmen/orgavision060410.html (Abruf: 13.07.11).

Sailer, Regina: Outsourcing. 10.11.2010, In: MittelstandsWiKi, Online im Internet: http://www.mittelstandswiki.de/Outsourcing (Abruf: 12.09.2011).

SAP AG (Hrsg.): SAP für das Gesundheitswesen. Kunden, Online im Internet: http://www.sap.com/germany/industries/healthcare/customer success/index.epx (Abruf: 01.01.2012).

Schmidt, Fred: Authentifizierungsverfahren. In: Proseminar Webtechnologien. Universität Siegen, 2005, Online im Internet: http://www.bs.informatik.uni-siegen.de/www/lehre/ss05/webtech/Ausarbeitungen/Authentifizierungsverfahren_Folien.pdf (Abruf: 03.01.2012).

Serview GmbH (Hrsg.): ITSM Advanced Pocket Book, Bd.1: Fokus ITIL, überarbeitete 3. Auflage, Bad Homburg 2007.

Sozialgesetzbuch. Textausgabe. 37., neu bearbeitete Auflage, München: Deutscher Taschenbuch Verlag 2009.

Sprengel, Rainer, Graf Strachwitz, Rupert und Rindt, Susanne: Die Verwaltungskosten von Nonprofit-Organisationen. In: Opusculum, Nr. 11, April 2003, S. 9, Online im Internet: http://www.institut.maecenata.eu/resources/2003_Opusculum11.pdf (Abruf: 19.09.2011).

Stiftung Warentest (Hrsg.): Datenschutz bei Onlinenetzwerken. In: Test, Nr. 4, 2010, Online im Internet: http://www.test.de/themen/computer-telefon/test/Soziale-Netzwerke-Datenschutz-oft-mangelhaft-1854798-1854999/ (Abruf: 22.09.2011).

Tajeddini, Damon: Aigner fordert hohe Sicherheitsstandards für Cloud-Anbieter. In: iX, 9.12.2011, Online im Internet: http://www.heise.de/ix/meldung/Aigner-fordert-hohe-Sicherheitsstandards-fuer-Cloud-Anbieter-1392808.html (Abruf: 18.12.2011).

Unabhängiges Landeszentrum für Datenschutz Schleswig-Holstein (Hrsg.): backUP. Magazin für IT-Sicherheit. Nr. 1: IT-Sicherheitskonzepte. Planung – Erstellung – Umsetzung. 2. Auflage 2002, Online im Internet: https://www.datenschutzzentrum.de/backup-magazin/backup01.pdf (Abruf: 19.09.2011).

Verwaltungs-Berufsgenossenschaft (Hrsg.): Checkliste IT-Sicherheit. Online im Internet: http://www.vbg.de/zwischenfall/arbhilf/checkl/cl_it_sicherheit.htm (Abruf: 03.10.2011).

Voß, Stefan: Informationsmanagement. 2005, Online im Internet: http://iwi.econ.uni-hamburg.de/IWIWeb/Uploads/Lecture/IM/IM%20WS0506%20Folien%2008.pdf (Abruf: 03.01.2012).

Weichert, Thilo: Cloud Computing und Datenschutz. Online im Internet: https://www.datenschutzzentrum.de/cloud-computing/ (Abruf: 11.07.2011).

Wendt, Wolf Rainer: Sozialwirtschaft. In: Maelicke, Bernd (Hrsg.): Lexikon der Sozialwirtschaft. Baden-Baden: Nomos Verlagsgesellschaft 2008, S. 953-956.